Michael Krüger

Meteorologie
des Herzens

Über meinen Großvater,
Zbigniew Herbert,
Petrarca und mich

*Mit einem Nachwort von
Matthias Bormuth*

Fotografien von Isolde Ohlbaum

BERENBERG

Wo ich geboren wurde
7

Es gibt noch eine andere Welt
Gespräch mit Matthias Bormuth
13

Ein Ich das querliegt zur Welt
Zur Frühgeschichte des Petrarca-Preises
47

Es gibt keine glückliche Insel
Zbigniew Herbert
In Erinnerungen und Briefen
79

Nachwort
125

Wo ich geboren wurde

1.
Mein Großvater konnte über hundert Vögel
an ihren Stimmen erkennen, nicht gerechnet
die Dialekte, die in den Hecken gesprochen wurden,
dunklen Schulen hinter dem Hof,
wo die Braunkehlchen Aufsicht hatten.
Mein Großvater war Spezialist für Kartoffeln.
Mit den Händen grub er sie aus, zerbrach sie
mit den Daumen, die weiß wurden,
und ließ mich an der Bruchstelle lecken.
Mehlig, gut für Schweine und Menschen.
Auch nach der Enteignung wollte er unbedingt
an Gott glauben, weshalb ich die Kartoffeln
ausbuddeln mußte aus seinem ehemaligen Acker.
Wie auf holländischen Bildern zogen
schwere Wolken über den sächsischen Himmel,
sie kamen aus Rußland und Polen
und fuhren nach Westen, ihre Fracht wurde leichter,
durchsichtiger und feiner, bis sie in Frankreich
als Seide verkauft wurde. Im Westen, sagte er,
finden Verwandlungen statt, wir werden verwandelt.
Im Dorf fehlten einige seiner Freunde,
die mußten in Rußland die Wolken beladen.

2.
Meine Großmutter benutzte die Brennschere,
um ihre dünnen Haare zu wellen. Man muß
dem Herrgott ordentlich frisiert gegenübertreten.
Der kam meistens nachts, wenn ich schon
schlafen sollte, setzte sich auf den Bettrand
und unterhielt sich mit ihr auf sächsisch.
Beide flüsterten, als hätten sie ein Geheimnis.
Manchmal waren sie freundlich zueinander,
dann wieder zankte sie mit ihm wie
mit dem Großvater, wenn der sein Glasauge
neben den Teller legte. Wenn man es falsch herum
einsetzt, kann man nach innen sehen,
in den Kopf hinein, wo die Gedanken leben,
sagte er und stopfte seine Pfeife mit Eigenbau,
der neben dem Tisch an der Wand hing, labbrige Blätter,
von einem Faden durchzogen. Die Ärmel der Joppe
des Großvaters waren von Brandlöchern genarbt.
Wie deine Lunge, sagte die Großmutter, beides
aus braunem Stoff. So vergingen die Tage.
Abends gab es Kartoffeln mit Sauce oder ohne.
Wenn auf dem Hof geschlachtet wurde, fand ich
Wellfleisch auf meinem Teller, aber ich durfte nicht
fragen, wie es zu uns gefunden hatte.
Wellfleisch kann fliegen, damit war alles gesagt.
Ich stellte mir Gott als einen Menschen vor,
der alles mit sich machen ließ.

3.
Mein Großvater las nicht mehr. Alle Bücher stehen
in meinem Kopf, sagte er, aber ganz durcheinander.
Dafür erzählte er gerne, am liebsten vom König,
der sich angeblich für ihn interessiert hatte.
Auf der Jagd sollte er ihm einen Hasen
vor die Flinte treiben, aber der Großvater hatte
das Tier unter seinem Mantel versteckt.
Ich kann noch heute das Hasenherz schlagen hören,
rief er und faßte sich an die Stelle, wo seine Uhr
hing. Hasen haben ein schlechtes Herz,
damit kann man keinen Staat machen. Vom Staat
war nicht viel zu erwarten. Wenn die Großmutter
nicht im Zimmer war, hörten wir Radio, messerscharfe
Stimmen, die den Rauch seiner Pfeife zittern ließen.
Saubande, sagte mein Großvater, der sonst nie
fluchte. In der Nähe von Beromünster war die Musik
zu Hause, da fahren wir eines Tages hin, sagte er,
und hören Bach und Tschaikowsky. Dann schlief er ein.
Das Lid über seinem Glasauge war nie ganz geschlossen.

4.
Als ich mein Dorf kürzlich besuchte,
fiel mir alles wieder ein, nur ungeordnet:
der Kunsthonig und der schwarze Sirup, der sämig
durch die Löcher im Brot tropfte, die fauchenden Feuer
über Meuselwitz, die kyrillischen Gewehre im Steinbruch
von Keyna, der Kohlenstaub, Warmbier, der ängstliche
    Gott,
der schnatternde Alarmruf des Wiedehopfs,
die puckernden Flüsse auf dem Handrücken des Groß-
    vaters,
der blaue Teppich unter den Pflaumenbäumen,
die Eselsohren in der Bibel, die fromme Armut,
das Glück. Auch die Toten redeten mit, von fern her
angereist in altmodischen Kleidern, die Frauen
mit Haarnetzen, die Männer in gewendeter Uniform,
mit Schußlöchern auf der eingefallenen Brust.
Und in der Mitte mein Großvater, ein Auge auf die Welt
und eines nach innen gerichtet, vor sich ein Teller
Kartoffeln, mehlig und buttergelb, gut für Schweine
und Menschen und mich.

5.
Das alles bin ich, der Mann mit dem Hasenherz.
Nicht mehr, eher weniger.

Es gibt noch eine andere Welt
Gespräch mit Matthias Bormuth

MATTHIAS BORMUTH: *Herr Krüger, Sie haben einmal von sich gesagt:* »*Ich bin ein Schriftsteller, der einfachen Verhältnissen entstammt und das Verlegen der Bücher auch als Handwerk betrachtet.*« *Diese Selbstbeschreibung verdankt sich nicht zuletzt den ersten Lebensjahren, die Sie bei Ihren Großeltern verbrachten.*

MICHAEL KRÜGER: Das Bestellen eines Ackers und die Leitung eines Verlages haben vieles gemeinsam. Auch der Bauer träumt natürlich davon, zweimal im Jahr ernten zu dürfen, im Frühling und im Herbst. Mein Großvater mütterlicherseits war Landwirt, der in der Nähe von Zeitz einen größeren Hof, ein Rittergut, bewirtschaftete. Dort kam ich im Dezember 1943 zur Welt. Mein Vater, damals Postbeamter im besetzten Polen, meinte ohne jede Illusion: »Irgendwann wird Berlin bombardiert, so dass das Kind auf dem Land erst einmal gut aufgehoben ist.« Die drei älteren Geschwister blieben in der Stadt.

MB *Wie verlief Ihr Leben mit den Großeltern?*

MK Als sich die Amerikaner bald nach Kriegsende aus Sachsen zurückzogen, wurde der Großvater von heute auf morgen von der nun russischen Besatzung ohne Gerichtsurteil enteignet und erhielt eine Dachkammer als letztes Refugium. Er konnte von Glück sagen, dass er nicht erschossen wurde! Im Zusammenleben habe ich, ohne es wirklich begreifen zu können, erstmals gespürt, dass ein Mensch regelrecht schrumpft, wenn man ihm seinen Lebens- und Gestaltungsraum nimmt.

MB *Was passierte mit dem Hof?*

MK Das Gut verfiel, weil der neue Verwalter ohne Kenntnisse war, die man für die Bearbeitung der relativ kargen Böden im Schlagschatten des Harzes benötigte. Er gehörte zu den politisch opportunen Leuten, die natürlich wussten, dass sie nichts wussten, und deshalb besonders arrogant auftraten.

MB *Es fehlte eine kundige Hand zur Bewirtschaftung?*

MK Für den Großvater bestand die größte Demütigung nicht in der Enteignung, sondern in der Erfahrung, dass alle seine Fertigkeiten nun brachlagen und er verurteilt war, vom Fenster seines Dachzimmers aus zuzusehen, wie die Sache schiefging. Als er sah, wie der ehemalige Verwalter vom Hof ging, fiel seine große, knochige Hand in den Schoß. Von nun an umgab meinen Großvater eine tiefe Traurigkeit, die ihn nicht mehr verließ. Die Erfahrung der großen Ungerechtigkeit war die stärkste Lektion, die ich aus dieser Zeit bewahrt habe. Man darf nicht ohne Begründung jemandem etwas wegnehmen, vom dem her er lebt. Es gab kein Maß, das die Enteignung gerechtfertigt hätte. Sie war Ausdruck politischer Willkür, die auf ganz andere Weise zuvor schon geherrscht hatte.

MB *Als kleines Kind erlebten Sie diese ersten Lebensjahre mit den Großeltern allerdings ganz anders.*

MK Es herrschte in unserem gemeinsamen Leben eine ursprüngliche, liebevolle Atmosphäre. Mit dem Großvater ging ich gerne über das Land. Er erklärte mir die verschiedenen Vögel an ihren Stimmen, und er führte mich in die weitere Fauna und Flora ein. Die Natur war etwas Elementares, uns Beglückendes, auch wenn wir ein beengtes, ärmliches Leben führten. Für mich sind bis heute Spaziergänge durch den Wald notwendig, um mich als Person ganz zu fühlen.

MB *Neben dem Erleben der Ungerechtigkeit und den Natureindrücken erfuhren Sie im Leben mit dem Großvater eine dritte Dimension, es war das Erlebnis der Frömmigkeit.*

MK Eine der seltsamsten Erfahrungen war das Vaterunser. Und vergib uns unsere Schuld – ein Kind versteht nicht, was damit gemeint ist. Welche Schuld? Damals gab es, vor allem auf dem Lande, noch ein protestantisches Leben im Zyklus des Kirchenjahres. Der Glauben hatte seinen Ort in der kleinen Dorfkirche, schlug sich in Predigt und Musik nieder. Die Frömmigkeit litt unter der geschichtlichen Katastrophe ungeheuer. Für die Großmutter brach eine Welt zusammen. Ihr Gottvertrauen hatte einen schweren Schlag erlitten. Ihr war nicht nur der äußere Besitz genommen worden, sondern auch ihr treusorgender Gott: »Du warst da, und jetzt bist du plötzlich unsichtbar. Du warst anwesend, und plötzlich bist du abwesend. Wir sperren die Tür auf, aber du kommst nicht. Wir decken für dich am Tisch den vierten Teller, aber du kommst nicht zum Essen. Und du suchst uns auch nicht mehr so richtig in unseren Träumen heim.« Gott war über dem ganzen Unglück in die Ferne gerückt.

MB *Die Großmutter bewegte die alte Hiob-Frage, wie Gott das Leiden zulassen kann?*

MK Ja, sie sprach abends in ihren Gebeten immer direkt mit Gott. Ich hörte sie beten und kriegte es mit der Angst zu tun, weil ich immer dachte, wenn sie so viel über Gott schimpft, kommt er zur Tür herein und bestraft uns. Ich fand es natürlich sehr interessant, dass es da eine höhere Instanz gab, bei der man sich beklagen konnte. Denn mit den politischen Instanzen konnte man nicht offen sprechen, ohne etwas befürchten zu müssen.

MB *Ihre fromme Großmutter zweifelte an Gott, der nicht sichtbar ist und die Ungerechtigkeit zulässt.*

MK Aber bei prinzipieller Anerkenntnis seiner Existenz. Und das war für mich die besondere Qualität ihres Glaubens.

MB *Verhielt sich dies bei Ihrem Großvater ähnlich?*

MK Mein Großvater war ein gebrochener Mann. Er sprach nicht über diese Dinge. Er schwieg. Es war eine unvorstellbare Traurigkeit in ihm. Das einzige, was der Großvater noch hatte, waren seine starken Hände. Die Hände, die etwas griffen, ergriffen, wie er auch mich an die Hand nahm. Alles andere befand sich in Auflösung. Er konnte sich nicht mit der Veränderung abfinden.

MB *Während Sie mit dem Blick des Kindes eine ursprüngliche Geborgenheit erlebten, begegnete den Großeltern die Welt als eine Katastrophe.*

MK Es war ihnen auf verschiedene Weise der Glauben an eine natürliche und göttliche Ordnung der Dinge verlorengegangen, in der alles seinen Platz hatte und sich einfügte.

Zudem war es nicht möglich, die Verluste politisch einzuklagen, da sie im Osten Deutschlands zu den unerwünschten Grundbesitzern zählten. Ich habe davon profitiert: Ich wurde von ihnen so geliebt, als hätte ich persönlich die Liebe in die Welt gebracht.

MB *Wann endete diese persönliche Idylle bei den Großeltern?*

MK Ich kam zur Familie nach Berlin, als die Einschulung anstand. Meine drei Geschwister waren sieben, fünf und zwei Jahre älter. Wir lebten zuerst in der Nähe des Olympiastadions in Charlottenburg. Meine Mutter sagte immer noch Reichssportfeld. Die Stadt lag in weiten Teilen noch in Trümmern, was für uns Kinder durchaus auch interessant war. Man konnte Altmetall sammeln und verkaufen.

MB *Erlebten Sie auch die Blockade Berlins?*

MK Ja, ich erinnere mich, dass wir auf dem Schulhof, wenn Flugzeuge über uns hinwegflogen, sagten: Da wird unser Essen gebracht! Unser Essen hieß nach den Gebern Schwedenspeise. Alles war äußerst knapp. Allerdings besaßen wir einen eigenen Garten, den meine Mutter als Tochter aus landwirtschaftlichem Haus mit allem bepflanzte, was zu haben war. Es gab eigene Erdbeeren, Tomaten und Kartoffeln bis hin zu Salat und anderem Gemüse. Wir wurden von unserer Mutter angehalten, Pferdeäpfel zu sammeln. So rannten wir öfter den alten Zugpferden hinterher und riefen: »Bitte, scheißt endlich, damit wir die Äpfel sammeln können!« Die wurden dann im Garten sorgfältig als Düngemittel verteilt. Meine Mutter ging sogar so weit, zu überlegen, ob wir die eigenen Exkremente sammeln sollten, um den Kreislauf perfekt zu machen. Manchen Sommer mussten wir abwechselnd auf einer Luftmatratze im Garten übernachten, weil meine Mutter befürchtete, die Nachbarn könnten uns die Erdbeeren klauen. Sie war stolz, selbst auf dem winzigen Flecken die Früchte noch zu mehren.

MB *Wie verstanden Sie sich mit den drei älteren Geschwistern?*

MK Wir hatten untereinander ein sehr gutes, an sich liebevolles Verhältnis. Und trotzdem ging jeder seine eigenen Wege. Ich war zum Beispiel nicht für die Schule zu begeistern. Ich ließ sie einfach über mich ergehen und legte als sehr junger Mensch, noch nicht achtzehn Jahre alt, das Abitur mit Hängen und Würgen ab. Erst kurz zuvor hatte ich begonnen, überhaupt etwas zu lernen. Das gefiel meinem Vater wenig, hatte er doch in Koblenz eine gediegene humanistische Bildung erhalten. In seiner Schulzeit war er mit dem späteren Claudel-Übersetzer Edwin Maria Landau befreundet, mit dem späteren Soziologen René König, mit Joseph Breitbach oder dem späteren Plotin-Herausgeber Hans-Rudolf Schwyzer. Später erfuhr ich, dass er unter anderem bei Carl Schmitt gehört hatte. Er war ein interessierter Mensch. Wenn diese Freunde kamen und wir ihr Gespräch nicht verstehen sollten, sprachen sie Latein miteinander. Bei ihm wirkte nichts aufgesetzt; alles beruhte auf einer Erziehung, deren hohe Qualität nicht mit der unseren zu vergleichen war. Von seinem Bildungsgang aus bestand ein enormer Kontrast zu meinem dürftigen Versuch, durch die Schule zu kommen.

MB *Spielte die jüngste Geschichte im Verhältnis zum Vater auch eine Rolle? Sprachen Sie mit ihm über den Krieg, dessen zerstörerische Kraft Ihnen nun in den Trümmern vor Augen stand?*

MK Es wurde zu Hause nur sehr ungern über Vergangenes gesprochen. Mein Vater gehörte zu den Menschen, die als Beamte nach Krieg und Entnazifizierung schnell wieder Karriere machten. Mein ältester Bruder, der immerhin sieben Jahre älter war, fragte stärker nach. Er war aufmüpfiger und drängte meinen Vater zu Berichten. In einem Schrank, im hintersten Winkel, lag noch ein Helm mit Hakenkreuz. Wir erfuhren nie, ob mein Vater ihn getragen hatte oder nicht. Ich kenne kein einziges Bild, das ihn als Soldaten zeigt.

MB *Was war seine Aufgabe gewesen?*

MK Er sollte nach der Besetzung Polens den dortigen Postverkehr aufrechterhalten, was ihm sicher gut gelang; aber zu welchen Kosten und Opfern, das wissen wir eben nicht.

MB *Wie sah seine Aufgabe in Berlin aus? Kam sein kulturelles Interesse dort zum Tragen?*

MK Meine Eltern gingen regelmäßig ins Theater, besonders gerne ins Schillertheater, damals wohl die beste Bühne des Landes. Film war nicht so sehr ihre Sache, aber dafür gingen sie regelmäßig zum Filmball, in Smoking und Abendkleid, und am nächsten Morgen wurde erzählt, mit welchem verzehrenden Blick er Ruth Leuwerik angeschaut hatte. Überhaupt die Bälle! Filmball, Juristenball, Postball – alles gesellschaftliche Ereignisse erster Ordnung. Als wollte man die zwanziger Jahre auf bürgerlicher Ebene fortsetzen. Als ob nichts gewesen wäre. Auch schrieb mein Vater Aufsätze, die sich beispielsweise mit der Entwicklung des Postwesens durch Thurn und Taxis und den Geschwindigkeiten im Verkehr beschäftigten. So hielt er einmal einen sehr guten Vortrag über die Frage, wie Kleist an die Stätte am Wannsee gekommen war, an der er sich mit seiner Gefährtin das Leben nahm. Er hat alles genau rekonstruiert, sogar die Zeiten gestoppt, die man für die einzelnen Strecken benötigte. Auch las er viel neben seiner Aufgabe, für das geteilte Berlin den Postverkehr ordentlich zu regeln. Und er hat die grafisch ausgezeichneten Berliner Sondermarken gewissermaßen erfunden, die er von den Professoren der Hochschule für bildende Künste gestalten ließ.

MB *Mit anderen Worten: Ihr Vater war im apolitischen Sinne ein beeindruckender Humanist, der die alten Sprachen beherrschte und kulturellen Geschmack besaß, sich aber im Politischen pragmatisch den Erfordernissen der Zeit beugte, sei es vor oder nach 1945. Ihre Schilderung lässt mich auch an das berühmte Buch denken, das Alexander Mitscherlich zu Anfang der 1960er Jahre veröffentlichten: »Auf dem Weg zur vaterlosen Gesellschaft«. Es hat den Ausfall der Väter-Generation im Umgang mit der eigenen Historie zum Thema. Wird darin auch Ihr Blick auf den eigenen Vater getroffen?*

MK Das Buch hat er selbstverständlich gelesen! Diese spezifische Vaterlosigkeit haben wir vier Geschwister stark gespürt. Denn es gab auch entsetzliche Streitereien mit den Eltern, die dazu führten, dass meine Mutter weinend aufstand und ins Schlafzimmer ging, während mein Vater auf den Tisch haute, weil wir natürlich frech einforderten: »Es kann doch nicht sein, dass alles wie eine Infektionskrankheit über Deutschland kam.« Diese Fragen wurden selbstverständlich lauter, je älter die 1960er Jahre wurden. Ich entsinne mich, dass eine Tante von mir aus Zeitz zu Besuch war, unvergesslich deshalb, weil sie sogenannte Duftkerzen mitbrachte, die die gesamte Wohnung verpesteten. Beim ersten Schluck Kaffee – Bohnenkaffee! – sagte sie:

Tchibo, ist dieser Kaffee nicht auch jüdisch? Alle glotzten bedröppelt in ihre Tassen, und dann ging das Geschrei los. Das »Hitler-hat-aber-auch-die-Autobahnen-gebaut«-Argument kam nach meiner Erinnerung ziemlich häufig vor.

MB *Welche Bedeutung besaß der Frankfurter Auschwitz-Prozess für Ihre Diskussionen? War er ein Ferment der Aufklärung?*

MK Ja, sowohl der Eichmann-Prozess wie der Auschwitz-Prozess waren Augenöffner. Fritz Bauer war ein Held. Wir lasen die Berichte in den Zeitungen, vor allem im *Tagesspiegel*. Auch hörten wir die skandalösen Einzelheiten von den Prozessen über das Radio. Den Kontrast bildete die Schule. Wir konnten in keiner Weise erwarten, dass unsere Lehrer uns in irgendeiner Weise über sich selber, ihre Generation, aufklärten. Das kam nicht vor. Warum sollten die Lehrer bekennen, wenn zum Beispiel im Justizministerium mehr als die Hälfte der Beamten ausgesprochene Nazis waren, »furchtbare Juristen«? Man musste also Leute suchen, mit denen man sprechen konnte. Einer von ihnen war der Bruder des Schriftstellers und Theologen Jochen Klepper. Dieser hatte sich mit seiner jüdischen Frau und der Tochter das Leben genommen, als ihnen im Krieg die Ausreise verweigert worden war. Es geschah nahe unseres Hauses in Nikolassee, wohin wir umgezogen waren. Sein Bruder Erhard hatte als Homosexueller das Dritte Reich am Rande überlebt. Er sprach davon, dass die ganze Generation vernichtet worden sei, und schimpfte, wie recht es ihnen geschehe, da sie alle Nazis gewesen seien.

MB *Was heißt vernichtet?*

MK Zerstört in ihren Seelen, so dass man nichts mehr von ihnen erwarten könne. Auch Jochen Klepper war ja ein sehr komplexer Fall: Er war Mitglied der Reichsschrifttumskammer, Soldat, Pietist, seine Frau hat sich während der Nazizeit taufen lassen – es war alles sehr kompliziert. Aber da es nicht zur Sprache kam, zur Sprache kommen durfte, blieb alles im Halbdunkel.

MB *Der Bruder von Jochen Klepper bestätigte mit seinen drastischen Worten Mitscherlichs These?*

MK Aber in meiner Umgebung stand er mit diesen Überzeugungen ziemlich allein da. Er war Künstler, schwul und konnte die Klappe nicht halten – meine Mutter hat es nicht gerne gesehen, dass ich ihn häufig besuchte. Von ihm erfuhr ich aber, wer – und aus welchen Gründen – das Land verlassen musste. Der erste Jude, den wir kennenlernten, war der Leiter der jüdischen Gemeinde in Berlin, Heinz Galinski. Er hatte mit meinem Vater zu tun, als die Synagoge in der Fasanenstraße gebaut wurde. Ein sehr sympathischer Mann, der später auch bei uns zu Hause war. Man spürte immer noch einen manifesten Antisemitismus, ein Schweigen über die Vernichtung der zwanzigtausend jüdischen Mitbürger allein in Charlottenburg. Das Haus der Wannseekonferenz, in der sie 1942 beschlossen wurde, lag direkt gegenüber meiner Schule am Wannsee. Jenseits der ungefähren Zahlen, wie viele Menschen umgekommen seien, sprachen wir nie über die geschichtlichen Hintergründe. Auch unterschied man deutlich zwischen Ost-Juden und assimilierten West-Juden, unseren ehemaligen Mitbürgern, also Einstein und anderen, gegen die man nun wirklich nichts habe. Dass die bessere Hälfte des deutschen Geistes das Land auf diese und jene Weise verlassen hatte, darüber kein Wort.

MB *Hatten Sie in den Jahren auch Hannah Arendts Bericht »Eichmann in Jerusalem« wahrgenommen?*

MK In den Kreisen meines ältesten Bruders wurden der Prozess und Arendts Buch stark diskutiert. Ich las es erst Jahre später, erinnere aber gut die Bilder des Prozesses, die ich noch nachzeichnen könnte. Sie füllten Zeitungen. Man diskutierte, wie ein solch kleines abgemagertes Männchen, das immer nur sagte, er habe es getan, weil es ihm befohlen wurde, eine solche Maschinerie in Gang gesetzt haben konnte. Wie kann das sein? Man sah seine erschrockenen, großen, aufgelösten Augen.

MB *Die von Arendt apostrophierte »Banalität des Bösen« stand Ihnen in der Physiognomie von Eichmann vor Augen? War das ein Schock?*

MK Offen gesagt: Der Schock hält bis heute an. Ich kann es noch immer nicht verstehen, dass einer, der sich für etwas Besseres hält, den anderen vergast. Wie soll man das begreifen? Sicher nicht, indem man sich an den widerwärtigen Carl Schmitt hält und sein »Der Führer schützt das Recht«. Es hat grausamere Nationen in der Geschichte gegeben als die Deutschen – die Russen, Spanier, Belgier, Franzosen und Engländer, um ein paar zu nennen, waren viel schneller bereit, den anderen ins Jenseits zu befördern –, aber so vulgär und niedrig wie wir hat sich kaum einer verhalten.

MB *Was bedeutete das für die Familie?*

MK Schwierig war vor allem, dass die Frage, inwieweit die eigene Familie Teil dieser *Sache* war, völlig im Dunkeln blieb. Warum konnte mein Vater nicht sagen: »Ich war in der Partei. Ich habe folgende Parteinummer gehabt. Ich musste als Postbeamter folgende Dinge tun.« *Er* hat nie etwas gesagt, und ich weiß es bis heute nicht. Einmal gab es den Fall eines hohen Postbeamten, der ein großer Nazi gewesen war, so dass wir unseren Vater fragten, ob er ihn gekannt und mit ihm zusammengearbeitet habe. Eine Antwort erhielten wir nicht.

MB *Man könnte sagen: Die väterliche Welt stand für Ungerechtigkeit, während jene des Großvaters, aus der Sie kamen, Unrecht erlitten hatte. Das Schweigen beider war eine Folge der Zerstörungen, die die Generation des Vaters in den Jahren des Nationalsozialismus angerichtet hatte. Ihr Großvater erfuhr sie anschließend in der sozialistischen Form des Totalitarismus, die Hannah Arendt beschreibt.*

MK Gott sei Dank gab es die DDR. Sie war das große Glück Westdeutschlands, da man sagen konnte, ihre Strukturen seien die Fortsetzung der Nazizeit, während man selbst sich ganz amerikanisch frei fühlen durfte.

MB *Das heißt: Die Ungerechtigkeiten im Osten wirkten wie ein Blitzableiter, der alle kritischen Energien anzog, während man die eigene Geschichte nicht in den Blick nehmen musste.*

MK Ich erinnere mich noch ganz genau, ich war zehn Jahre alt, als ich einmal, meine Zähne putzend, unter meinem Vater stand, der sich oben rasierte und dabei pfiff. Auf meine Frage, warum er so fröhlich sei, sagte er den berühmten Satz: »Stalin ist tot.« Stalin war die große Projektionsfläche für alles Böse im Osten. Er war sehr wichtig für die Psyche der Westdeutschen, da man sagen konnte, es gab einen noch größeren Massenmörder als Hitler. Zugleich war es beliebt, das Desaster des 20. Jahrhunderts auf Hitler zu laden, der die Massen verführt habe; andererseits seien es nur wenige Leute gewesen, die die Verbrechen begangen hätten. Solche Gedanken mussten genügen, bis aus anderen Ländern neue schlechte Nachrichten kamen, auf die man sich stürzen konnte.

MB *Was haben Sie dabei vor Augen?*

MK Die Berichte über den Kolonialismus etwa, den England, Frankreich und Belgien zu verantworten hatten, wirkten entlastend. Man lenkte gerne von sich ab, wenn man zum Beispiel über die Greuel im Algerienkrieg sprach. Plötzlich waren alle beteiligt, die Engländer, die Franzosen, massiv Russland – eine allgemeine zivilisatorische Katastrophe. Der ganze zivilisatorische Sumpf begann zu brodeln. Uns stellte sich die Frage, die kaum zu beantworten war, ob der Mensch unter bestimmten sozialen und politischen Verhältnissen nicht nur dazu neigt, andere Menschen zu demütigen, sondern auch willens ist, sie umzubringen. Ich erinnere noch, wie ich das erste Mal Adornos *Minima Moralia* und seine *Dialektik der Aufklärung* las, Werke, die diese Möglichkeiten erhellten.

MB *Die Lektüren waren große Bildungsereignisse, die nicht ohne die eigene deutsche Geschichte zu denken waren.*

MK Absolut. Die Bücher wirkten irritierend; es gab keine akademische Einordnung, sondern ich las, und das Gelesene ging unmittelbar in mich ein als Problem des Menschen, der offensichtlich nicht in der Lage ist, friedlich mit anderen zusammenzuleben. Der Mensch ist das einzige Lebewesen, das immer etwas stattdessen macht, wie Odo Marquard richtig bemerkt hat.

MB *Kant würde vom »radikal Bösen« im Menschen sprechen, das seine Aggressivität speist. Hannah Arendt tat dies lange auch, bis sie angesichts der Figur Eichmanns in Jerusalem für sich entdeckte, dass gerade die bequeme Gedankenlosigkeit, die »Banalität des Bösen«, furchtbare Konsequenzen zeitigen kann. Dies sind die Abgründe, die sich in der Normalität des Menschen verbergen.*

MK Wenn aber das »radikal Böse« mit der »Banalität des Bösen« sich zusammentut, dann entsteht ein Drittes. Man müsste Shakespeare sein, um es angemessen zu beschreiben. Richard III. ist zu wenig.

MB *Und wenn ich es richtig verstehe, bestand das Dilemma für Sie darin, dass selbst in einer von Humanismus geprägten Familie das Schweigen über die Geschichte herrschte?*

MK Hinzu kam noch eine große Ernüchterung. Wenn man in einem intellektuellen Milieu aufwächst, denkt man immer, Ideen müssten sich schnell verbreiten und sich in einem Spektrum des Guten auswirken, als könnten alle in

Windeseile begreifen, was auf dem Spiel steht. Umso erschrockener ist man, dass die meisten Menschen sich überhaupt nicht fragen, ob zum Beispiel die Bergpredigt ein Leitfaden für das Zusammenleben der Menschen sein könnte, ob ein Spruch des Bundesverfassungsgerichtes tatsächlich Verbindlichkeit hat oder ob ein großes literarisches Werk wie Thomas Manns *Zauberberg* zur Grundausstattung des Menschen gehört. Vielleicht drei Prozent der Bevölkerung würden das unterschreiben. Deshalb ist das Geschwätz über Leitkultur so unerträglich.

MB *Anders gesagt: Trotz aller Gespräche hat die Aufklärung, das heißt die Wirksamkeit der Ideen, klare Grenzen.*

MK Es klingt einfach, ist aber schwer zu begreifen, dass trotz der raschen Zirkulation von Büchern und Ideen und der rasanten Zunahme von Universitäten und Hochschulen sich das Niveau aufgeklärten Lebens kaum erhöht.

MB *Sie selbst haben es nach der Schulzeit vermieden, an die Universität zu gehen. Sie absolvierten eine Buchhändler- und Druckerlehre und besuchten nur abends Vorlesungen. Was war der Grund für Ihre Scheu, sich ganz dem Wissen und Nachdenken zu widmen?*

MK Das ist für mich nach wie vor ein Rätsel. Ich habe oft darunter gelitten, kein regelrechtes Studium absolviert zu haben. Aber aus einem tieferen Instinkt heraus kam ich zu dem Entschluss: »Nein, ich studiere nicht.« Um meinem Vater zu gefallen, schrieb ich mich gleichwohl ein, konnte aber nur Vorlesungen besuchen, die nach Feierabend stattfanden. So hörte ich beispielsweise Peter Szondi über Hölderlin und Wilhelm Emrich, der über Kafka, Rilke und Goethe sprach.

MB *Gab es in diesen Jahren ein entscheidendes Bildungserlebnis, einen Turning Point, der Ihnen im Gedächtnis haften blieb?*

MK Zweifelsohne war es die Arbeit von Walter Höllerer und ganz speziell die von ihm initiierte Serie *Ein Gedicht und sein Autor*. Ich hörte dort unter anderem zum ersten Mal die Dichter Tadeusz Różewicz, Yves Bonnefoy, Zbigniew Herbert, Lawrence Ferlinghetti, Lars Gustafsson, Francis Ponge, Miroslav Holub, Allen Ginsberg und andere. Es ging ein Vorhang auf, und die Welt öffnete sich. Höllerer, der an der Technischen Universität lehrte, schuf mit dem Literarischen Colloquium eine feste Institution im Berliner Kulturleben. Er war ein geistiger Magnet, obwohl er aus Sulzbach-Rosenberg kam.

MB *Was war das Besondere an diesen literarischen Welten, die Sie jenseits der Universität kennenlernten?*

MK Sie waren zuerst einmal außerdeutsch. Mein Urerlebnis war eine Reise nach Frankreich, die ich im Alter von dreizehn Jahren mit der christlichen Jungenschaft gemacht hatte. Ich weiß noch genau, wie ich müde, in Lederhose mit Tornister und dem alten, zur Wurst gedrehten Militärzelt in das unzerstörte Paris kam. Als ich Knirps alleine auf der Place de l'Opéra stand, zu der mich ein freundlicher Autofahrer extra gebracht hatte, kamen mir die Tränen. Um mich herum die atemberaubende Architektur und der helle Glanz einer unendlich großen Welt, in der die Leute nach der Abendvorstellung noch vor den Lokalen saßen und den Sommer genossen. Ich ging zu den Gittern vor dem Bureau du Tourisme, wo wir uns treffen sollten, breitete meinen Schlafsack aus und legte mich neben die Clochards. Mir schoss es durch den Kopf: Es gibt noch eine andere Welt jenseits des spießigen Berlin, die ist größer, hat mehr Ideen und Lebensart. Es gibt mehr als unsere kleine Wohnung, mehr als unsere Schule, mehr als unsere Erziehung, mehr als unsere Sprache. Und gleichzeitig wunderten wir uns in den folgenden Tagen als junge Deutsche, dass wir überhaupt dort sein durften und nicht mit einem Tritt über die Grenze zurückgekegelt wurden, nachdem wir innerhalb von siebzig Jahren drei große Kriege angezettelt hatten. Lieber sollte Paris brennen, als in die Hände der *compatriots d'Hegel* zu fallen, hatte Flaubert notiert.

MB *Paris wirkte auf Sie wie eine Erweckung, das Versprechen einer größeren, europäischen Welt?*

MK Für mich war mit dreizehn Jahren ein Knoten geplatzt, der mich im geteilten Berlin beengt hatte. Der ganze Muff und Mief war vergessen. Ein Vorhang ging auf und man sah: Europa ist etwas anderes. Im nächsten Sommer fuhren wir nach Sardinien.

MB *War diese Sehnsucht nach einer größeren Welt auch der Grund, warum Sie nach Beendigung der Lehre nach London gingen?*

MK Die Vorstellung, in Deutschland in einer Druckerei oder Buchhandlung zu arbeiten, lag mir fern. Ich musste erst einmal raus. Dabei saß ich in London in einem winzigen Zimmer, das genauso miefig war wie zu Hause. Aber trotzdem fühlte ich mich jetzt als ein Teil der großen Welt. Es war für mich das Schönste überhaupt, durch die Stadt zu gehen. Ich lief an Sonntagen, wenn weniger Autos fuhren, durch die Straßen des Zentrums und schaute mir Häuser an. Oft saß ich früh allein in der Oxford Street in einem Café, in dem ich mir gerade einen Kaffee leisten konnte, da ich kaum etwas verdiente, hörte auf die Schritte und stellte mir vor, wer jetzt vorbeigehen würde. Einmal entdeckte ich Alfred Andersch mit seiner Frau Gisela, die ich flüchtig über Walter Höllerer kannte. Ich rannte auf die Straße und rief: »Herr Andersch, ich bin's.« Er lud mich mit den Worten ein: »Es sieht nicht gerade so aus, als hätten Sie häufig zu Mittag gegessen.«

MB *Was war Ihre tägliche Aufgabe?*

MK Ich arbeitete als Buchhändler im International Book Department von Harrods, das eine große deutsche Abteilung hatte. Sie war für die anschwellende Zahl von Leuten gedacht, die in London die deutsche Sprache studierten. Es sprach sich schnell herum, dass ein junger Deutscher die Literatur pflegte. In den Verlagen saßen noch viele deutsche Emigranten. Die Begegnung mit ihnen war für mich das allerwichtigste in jener Zeit. Da habe ich zum ersten Mal mehr geahnt als begriffen, was es heißt, als Schriftsteller in einem anderen Land zu leben, nicht zu Hause publizieren zu können, aber auch nicht dort, wo man dann lebte.

MB *Haben Sie ein Beispiel?*

MK Elias Canetti stand für dieses Schicksal. Wie er, hatten es viele nicht geschafft, sich nach der Exilierung in ihrem Gastland wieder als Schriftsteller und Intellektuelle einen Namen zu machen. Es gab natürlich auch erfolgreiche Exilanten wie den Kunsthistoriker Ernst Gombrich, der das 1933 emigrierte Warburg Institute leitete. Oder George Weidenfeld, den Emigranten aus Wien, der es ins Oberhaus geschafft hatte. Ich denke auch an den Kunsthändler Fischer, der die Galerie Marlborough Fine Art führte. Dort sah ich zum ersten Mal die großen Bilder von Mark Rothko, sowohl die Originale wie die sogenannten Fälschungen. Bei ihnen zu Hause hingen die Klimts und Schieles und andere Werke der Wiener Kunst. Massenhaft Kokoschka! Ich kannte den Sohn Wolfgang gut, der in Hampstead wohnte und zu dem abends oft Emigranten kamen. Bei dem Verleger Hamish Hamilton lernte ich auch Arthur Koestler kennen, der damals merkwürdige biologistische Ideen hatte. Und H. G. Adler, der das große Buch über Theresienstadt geschrieben hatte, erklärte mir bei unserem ersten Treffen, was ich nie vergessen werde, das ganze System der Lager. Lange Rede, kurzer Sinn: Plötzlich sah man mit den Augen eines anderen, vergangenen und verleugneten Deutschland.

MB *Was heißt das?*

MK Man konnte ahnen, was Deutschland angerichtet, was es sich angetan hatte! Allein die Tatsache, dass so ein Autor wie Canetti verborgen in London existierte, war sprechend. Den gab es nicht in Berlin. Man kannte in Berlin kluge Professoren, man kannte anständige Menschen wie den Theologen Helmut Gollwitzer, aber einen solchen Schriftsteller, der noch vorm Krieg sein erstes Romanwerk veröffentlicht hatte und dann zwanzig Jahre lang *Masse und Macht* schrieb, war unbekannt. Jedenfalls habe ich in Berlin niemanden seiner Art kennengelernt, der in seiner riesigen Bibliothek Hunderte von Büchern über die Mythologie der Buschmänner besaß und mit Leidenschaft chinesische Gedichte und indische Gesänge las. Dabei war Canetti enttäuscht, dass sein Buch in der ersten Ausgabe bei Claassen nach 1960 gerade einmal achthundert Leute interessierte. Es war die Enttäuschung des Emigranten, der trotz allen Grauens daran festhalten wollte, dass die Deutschen sich für die Ergründung ihrer Schuld interessieren müssten. Es gibt das berühmte Gespräch mit Adorno, das er über sein Buch im NDR führte, zwei Emigranten unter sich. Aber eine wirkliche Verbreitung fand es erst sehr viel später, als ihm der Nobelpreis verliehen worden war.

MB *Canetti wäre ein Beispiel für die jahrzehntelange Verzögerung, mit der das deutschsprachige Exil nach der Vertreibung der Intellektuellen in der Bundesrepublik wieder ansatzweise wahrgenommen wurde.*

MK Die Öffnung geschah erst, als man sozusagen sicher sein konnte, dass da nicht irgendetwas schiefgeht. Eine Ausnahme bildet meiner Erinnerung nach der Berliner Kultursenator Adolf Arndt, der bei der Eröffnung der Kongresshalle, der *Schwangeren Auster*, zu der mich mein Vater mitgenommen hatte, mit großem geistigem Format den Finger in die Wunde legte: »Es ist eine Schande, dass wir den Emigranten nicht ihre alten Lehrstühle angeboten haben.« Ich fragte meinen Vater: »Stimmt das? Ist das wirklich wahr, dass die Verjagten, die noch leben, jetzt, wo es wieder demokratisch zugeht, nicht ihre Heidelberger, Berliner, Hamburger und Frankfurter Lehrstühle zurückerhalten?« Und mein Vater antwortete sinngemäß: »Ja, ich glaube, es wurde weitgehend versäumt.« Das hörte ich auch in Harrods. So kam neben Norbert Elias auch Alfred Sohn-Rethel in meinen Laden, der erst zehn Jahre später in Deutschland wieder wahrgenommen wurde, als man ihn in Bremen als altem Mann eine Professur schuf. Die Emigranten waren in England weitgehend isoliert.

MB *Was war der Grund für diese Isolation?*

MK England war eine *closed society*. Man hatte eigene Probleme, wirtschaftliche und politische. Man zeigte kein Interesse an den deutschen Emigranten. Ich werde nie das erste Gespräch vergessen, das ich durch Zufall mit Norbert Elias führte. Er kam gelegentlich nach London und besuchte unsere Buchhandlung. Er fragte mich: »Können Sie etwas empfehlen?« Ich hatte keine Ahnung, wer er war, und fragte: »Was interessiert Sie?« Er berichtete, Soziologe und Historiker in Bristol zu sein. Dass er eines der großen Bücher meiner Zeit geschrieben hatte, wäre mir nicht in den Sinn gekommen, denn unter den Sachbüchern wurden keine deutschen Autoren geführt. Die gab es einfach nicht, weil sich niemand in England für sie interessierte.

MB *Warum war das so?*

MK Ich sprach einmal mit dem wichtigsten Kritiker der damaligen Zeit, Cyril Connolly, ein dicker Kerl, der Whisky soff und in jeder *Sunday Times* ein Buch vorstellte. Als ich ihn kennenlernte, fragte ich flapsig, warum er nie ein deutsches Buch bespreche. *Cat and Mouse* von Günter Grass zum Beispiel oder Uwe Johnsons *The Third Book about Achim.* Er fragte mich zurück: »Gibt es deutsche Literatur?« Man wollte nichts damit zu tun haben. Als Connolly einmal die hundert besten literarischen Bücher der Welt zusammenstellte, führte er an deutscher Literatur lediglich Goethe und Kafka auf. Später lernte ich über Alfred Brendel den großen Ideenhistoriker Isaiah Berlin kennen, ein hochamüsanter und unerhört vielseitig gebildeter Mann. Er sagte trocken über Adorno: »Der hat keine Chance in England. Den versteht keiner.« Und mit seinem spezifischen Witz fragte er: »Welche Ideen hatte Adorno?« Überrascht antwortete ich: »Aber Sir Isaiah, haben Sie einmal die *Dialektik der Aufklärung* gelesen?« Daraufhin verzog Berlin sein Gesicht. Für ihn hörte die deutsche Kultur bei Sigmund Freud auf, der ja auch nach London emigriert war, ohne dort tiefere Spuren zu hinterlassen. Sein Neffe Lucian hat es als englischer Maler in der Welt weit gebracht, nur nicht in Deutschland.

MB *In Deutschland war die Remigration eigentlich nur in Frankfurt gelungen, wo Adorno und Horkheimer schon Ende der 1940er Jahre ihr Institut für Sozialforschung an der Universität etablieren konnten.*

MK Das bleibt die große Ausnahme. Und es bleibt eine der größten Leistungen von Siegfried Unseld, dass ihm der Versuch glückte, die großen deutsch-jüdischen Denker, auch Walter Benjamin und Gershom Scholem, in seinem Verlag zu versammeln und ihre Werke in großen Auflagen zu verbreiten. Sie hatten Auflagen, von denen man heute nur noch träumen kann. Als ich an meinem dreißigsten Geburtstag 1973 bei Herbert Marcuse in San Diego war und wir seinen alten Volvo aus der Garage holen wollten, fielen mir eine Unmenge an ungeöffneten Paketen entgegen. Ich fragte: »Was hast du denn hier gesammelt?« Marcuse antwortete: »Alles Belegexemplare von Suhrkamp.«

MB *Wann hatten Sie begonnen, Suhrkamp-Bücher zu lesen?*

MK Es begann mit der zweibändigen Benjamin-Ausgabe. Ich kaufte sie, glaube ich, in den frühen 1960er Jahren. Ich müsste schauen, was ich in die Bücher als Zeit des Erwerbs notiert habe. Man kaufte wahnsinnig viel, obwohl man nicht alles verstand. Ich hatte neben der Ausbildung ohnehin nur begrenzte Zeit. Aber die Aura der Bücher zog uns an. Man musste sie irgendwie gelesen haben. Und manche Sachen konnte man eben auch nicht weglegen. Es gab Leute wie meinen Freund Henning Ritter, der konnte Adornos

Minima Moralia quasi auswendig. Diese Texte brachten uns ins Nachdenken mit ihrer schriftstellerischen Besonderheit. Und jeder Autor hatte eine eigene Sprache.

MB *Bei Ernst Bloch ist aufschlussreich, dass er der einzige der Suhrkamp-Autoren war, der aus den USA in die junge DDR nach Leipzig ging. Aber sein Engagement scheiterte.*

MK Das ist die große Tragödie. Die Emigranten, die aus Überzeugung nach Moskau gegangen waren, waren schlecht beraten gewesen. Damals hatte Brecht sehr klug gehandelt, als er über Sibirien ins amerikanische Exil weiterzog. Wenn man in Moskau überhaupt überlebt hatte, war es noch lange nicht sicher, ob man in der DDR einen ordentlichen Platz zum Denken und Forschen erhielt. Das ganze Gerede in Ost-Berlin über die Remigration war eine große Lüge, sieht man vom Brecht-Kreis ab oder von Heinrich Mann, der aber dort nicht lebte. Dabei waren Arnold Zweig, Stephan Hermlin und natürlich Hans Mayer ehrenwerte Leute. Auch an Werner Krauss ist zu denken, der von Marburg nach Leipzig wechselte und sich später eine Nische im System der Akademie suchte, in der viele kritische Sozialisten sich sammelten.

MB *Sie haben einmal, als Ihnen der Peter-Huchel-Preis verliehen wurde, über den »Trotz dieser Zeilen« gesprochen, die der Dichter formte. Huchel war nach 1961 in der DDR sys-*

tematisch verschwiegen worden, bevor er ein Jahrzehnt später bei Erhart Kästner im Breisgau Zuflucht fand. Ihnen imponierte, dass der ehemalige Herausgeber von Sinn und Form *seine Rede vom »großen Hof des Gedächtnisses« später mit dem treffenden Satz kommentierte: »Wir alle wissen, eine Bahn der Verwüstung ist durch diesen Hof gegangen.« Sie selbst ergänzten in Ihrer Dankesrede, nicht nur im Blick auf die gesamtdeutsche Historie: »Wir sind ein Teil dieser Verwüstung, die wir selbst mit hervorbringen; keiner und schon gar nicht ein Dichter kann sich ausnehmen.«*

MK Für mich hieß das auch, Dichter der Inneren Emigration, zu denen Peter Huchel als Autor der Zeitschrift *Das innere Reich* im Nationalsozialismus gehörte, nicht pauschal als Mitläufer zu beurteilen, sondern zwischen ihren Zeilen zu lesen. Man kann auch an westdeutsche Autoren wie Günter Eich oder Marie Luise Kaschnitz denken, die in Deutschland geblieben waren und hier überleben mussten. Oft wurden sie von Nachgeborenen pauschal verdächtigt, Nazis gewesen zu sein, was natürlich ein Unfug ist.

MB *Eine moralische Vereinfachung?*

MK Ja. Dabei war vielen von ihnen die Vorsicht, nicht aufzufallen, nicht selten zur zweiten Natur geworden. Besonders spürte ich es in der Münchener Zeit an den überlebenden Autoren des *Inneren Reiches*, die ich kennenlernte, zum Beispiel Curt Hohoff, Franz Tumler oder Oda Schäfer. Carl Hanser, der Gründer des Verlags, gehörte zu ihren Kreisen. Noch während des Krieges hatte er sich in diesem Zirkel über Klassikerausgaben als Zukunft des Verlags verständigt. Goethe, Schiller, Kleist, Fontane und die anderen waren verlässliche Deutsche, auf die man bauen konnte.

MB *Waren die Gestalten um Carl Hanser, die nach dem Krieg Einfluss auf den Verlag hatten, innerlich angeschlagen?*

MK Sie konnten ihre Herkunft aus jener Welt nicht abschütteln. Eine heikle Geschichte, die dazu führte, dass anfangs nicht die junge deutsche Literatur zu Hanser strebte, sondern Gerd Gaiser und Emil Strauß. Aber Carl Hanser selber war ein unabhängiger Kopf, der dann reagierte. Lektoren wie Peter R. Frank, ein ganz schlauer Kerl, der später als Bibliothekar an die Standford University ging, brachten die Wende. Er leitete ein, dass Elias Canetti bei Hanser ins Programm kam, das von Herbert G. Göpfert, ein mir gegenüber sehr freundlicher Mann, der seinerseits in der Nazizeit törichte Artikel im *Börsenblatt* veröffentlicht hatte, geleitet wurde. Die Autoren des *Ruf* jedenfalls, von H. W. Richter bis zu Alfred Andersch und Hermann Kesten, veröffentlichten nicht bei Hanser.

MB *Wie kamen Sie selbst zu Hanser? War das ein Zufall?*

MK Ich verdanke die Vermittlung der Empfehlung von Reinhard Lettau, der lange Jahre in Kalifornien schrieb und lehrte und Autor von Hanser war. Damals ging man nicht unbedingt zu Hanser. Der Verlag galt als Gemischtwarenladen. Die schönen Klassiker und ein paar tolle Autoren. Aber es gab keine klare Kontur. In dieser Lage kam ich Mitte der 1960er Jahre aus Berlin nach München. Da Hanser die Baudelaire-Ausgabe im Verlag hatte, von Friedhelm Kemp herausgegeben, wollten wir eine Reihe gründen, in der alle von Baudelaire geliebten gotischen Romane erscheinen sollten. Fritz Arnold, der damalige Verlagsleiter, und unser Berater Norbert Miller waren Feuer und Flamme. Hanser meinte: »Mein Gott, das ist doch alles Trivialliteratur, aber wenn Sie meinen.« Die Reihe mit den Umschlägen von Uwe Bremer wurde ein Riesenerfolg.

MB *Wie ging es für Sie weiter?*

MK Es war eine Zeit, in der man sich für sehr viele Phänomene gleichzeitig interessierte. Wir denken bei '68 häufig nur an das Ende im Kugelhagel, an Mord und Totschlag. Ich denke an die sich täglich öffnenden Möglichkeiten, über die Welt nachzudenken. Da gab es zum Beispiel in München den *Jungen deutschen Film*, von Fassbinder, Kluge, Wenders, Schlöndorff, Reitz und vielen Schauspielern, Cuttern, Kameraleuten ins Werk gesetzt – denen haben wir bei Hanser eine Basis gegeben. Oder die *Gelbe Reihe Hanser*, eine sehr eigenwillige Mischung aus Literatur und Theorie, wie sie damals üblich war, aber durch die Umschläge von Heinz Edelmann wiederum individualistisch wurde. Oder – noch lange vor den Grünen – die *Hanser Umweltforschung*, die wir zusammen mit der Zeitschrift *futurum* herausgaben. Oder die von Wolf Lepenies und Henning Ritter betreute Serie *Hanser Anthropologie*, in der von Marcel Mauss über Philippe Ariès und Michel Foucault bis zu Wolf Lepenies selber große Werke zur historischen Anthropologie veröffentlicht wurden. Und schließlich – neben den vielen großartigen Romanciers und Dichtern, die uns ihre Werke anvertraut haben – die *Edition Akzente*. Der Verlag funktionierte wie eine Akademie, man lernte mit jedem Buch etwas dazu. Ich bin wirklich dankbar, dass ich den größten Teil meiner Lebensarbeit bei dem unabhängigen Hanser Verlag verbringen durfte.

MB *Wie kamen die polnischen Autoren zum Verlag, die Sie in Berlin kennengelernt hatten?*

MK Es hat vor allem damit zu tun, dass *Radio Free Europe* in München angesiedelt war. Jeder, der als Schriftsteller oder Gelehrter aus einem Land des Warschauer Paktes ausreisen durfte, kam irgendwann einmal für zwei, drei Tage nach München, um Lesungen oder Gespräche aufzunehmen. Da unser Verlag und eine Kneipe um die Ecke lagen, ergaben sich oft Gelegenheiten, die manchmal in engere Bekanntschaften und auch Freundschaften übergingen.

MB *Das Gespräch scheint für Ihr Selbstverständnis eine zentrale Bedeutung zu besitzen. Ihre Schilderungen vermitteln den Eindruck, als hätten Sie besonders seit der Londoner Zeit, als Sie die deutschen Emigranten kennenlernten, von Schriftstellern und Gelehrten wichtige Impulse für Ihren eigenen Bildungsweg erhalten. Sie prägten einmal rückblickend den Satz: »Suhrkamp war meine Universität.«*

MK Auch meine eigene Verlagsarbeit verstand ich später immer so, dass Autoren und Bücher zu meinen Lehrern wurden. Ich betrachtete sie als meine ganz persönlichen Ausbilder. Das Leben ist bekanntlich kurz, weshalb man sich hüten sollte, schlechte Bücher zu lesen. Nichts ist schöner, als einen Abend lang sich in einen Gedichtband zu verlieren. Nichts angenehmer, morgens mit einem Text der großen philosophischen Aphoristiker den Tag zu beginnen, von Lichtenberg über Canetti und Cioran bis zu Botho Strauß. Und was ist befriedigender, als sich am Wochenende mit einem Roman aufs Sofa oder unter den Apfelbaum zu legen? Und von Montag bis Freitag darf man sich in historische, philosophische und kunsthistorische Schriften vertiefen. Und natürlich darf der Wein nicht fehlen. Von mir aus könnte es noch eine gute Weile so weitergehen …

Für Hubert zum 80. Geburtstag

Ein Ich das querliegt zur Welt
Zur Frühgeschichte des Petrarca-Preises

I

Im Sommer 1974 trafen sich einige Freunde in der Wohnung des Kunsthistorikers und angehenden Verlegers Hubert Burda und seiner Frau Christa in der Schackstraße in München-Schwabing. Hubert hatte seine Doktorarbeit über die Ruinenmalerei von Hubert Robert abgeschlossen und bereitete sich nun darauf vor, im väterlichen Verlag eine Rolle zu spielen, was für ihn als dem jüngsten von drei Brüdern mit ziemlichen Komplikationen verbunden war. Christa war ebenfalls Kunsthistorikerin, der Sohn Felix war sechs Jahre alt und forderte uns im Tischtennis heraus.

Die gastliche Wohnung lag samt Garten (mit einer später von Peter Handke wunderbar genau beschriebenen Esche) direkt neben dem Siegestor. Sie bildete eine Linie mit der Akademie der Bildenden Künste und dem Arri-Kino auf der einen Seite, dem Englischen Garten auf der anderen, und war an den Wochenenden ein gerne aufgesuchter Ort. Ich war fast jeden Samstag dort, um mit dem kenntnisreichen, die künstlerische und gesellschaftliche

Entwicklung genau beobachtenden Hubert Burda zu reden. Er konnte wie kein anderer meiner damaligen Freunde Fäden verknüpfen, und da wir uns für buchstäblich alles interessierten, war genug Material vorhanden. In dieser Wohnung fanden später auch die Jurysitzungen und die Festessen für den »in medias res«-Preis statt, und auch der »Preis für Ausstellungsmacher«, an dem unter anderem Laszlo Glozer, Eduard Beaucamp und Bazon Brock beteiligt waren, wurde auf den tiefen Sofas in der Bibliothek der Schackstraße ausgeheckt.

An diesem Wochenende im Sommer waren auch Peter Handke und Bazon Brock dort anwesend. Handke kam aus Paris, wohin er mit seiner Tochter Amina übersiedelt war, Brock war aus Hamburg angereist. Er war es wahrscheinlich, der uns auf einen Artikel zum 600. Todestag von Francesco Petrarca aufmerksam machte. Da in der schönen Bibliothek, in der wir saßen, keine Ausgabe der Werke zu finden war, machten wir uns auf den Weg zur Buchhandlung Lehmkuhl auf der Leopoldstraße. Schwabing war damals gerade dabei, den letzten atmosphärischen Charme, den es aus der Zeit um die Jahrhundertwende in die Gegenwart gerettet hatte, zu verlieren. Nur die Plaketten an den Häusern erinnern daran, dass hier von Rilke bis Ibsen und Jawlensky die europäische Avantgarde gelebt und gefeiert hat, bis sie, nach der Revolution und dem Ende der strengen preußischen Zensurgesetze, weiter nach Berlin gezogen ist. Aber München hatte in unserer Zeit immerhin eine der großen ästhetischen Neuerungen hervorgebracht, nämlich den jungen deutschen Film, und wenn man von der Schackstraße zu Lehmkuhl ging, kam man an einem zentralen Orte dieser Avantgarde vorbei, dem Café am Siegestor, wo am Nachmittag deren wichtigste Vertreter ihr Frühstück einnahmen. Regisseure, Kameramänner und Schauspieler, von Klaus Lemke und Alexander Kluge bis zu Robby Müller, Hanna Schygulla und Rainer Fassbinder war alles auf der Terrasse versammelt, es war eine Art Büro und Kontakthof zugleich.

Bei Lehmkuhl gab es keinen Petrarca. Im Verzeichnis lieferbarer Bücher, das vor Erfindung des Internet das wichtigste Nachschlagewerk für den Buchhandel war, existierte nur eine kleine Auswahl aus dem Werk, die der erste Direktor der Frankfurter Bibliothek, Hanns Wilhelm Eppelsheimer, 1956 für den Fischer Taschenbuch Verlag zusammengestellt hatte. Kein *Canzoniere*, keine Briefe, keine Schriften. Alle wichtigen Übersetzungen von und Studien über Petrarca – der Gipfel war natürlich Karlheinz Stierles monumentale Monographie *Francesco Petrarca. Ein Intellektueller im Europa des 14. Jahrhunderts* von 2003 – erschienen später, als unser Preis schon in aller Munde war. Ja, denn auf dem Rückweg von der »Lehmkuhle« kam Hubert Burda die Idee, einen Petrarca-Preis zu stiften, für fünf Jahre, der an den herausragenden Orten, die Petrarca gestreift oder bewohnt hatte, verliehen werden sollte. Es ging also nicht nur darum, fünf Dichter auf eine besondere Weise auszuzeichnen, sondern auch darum, die herausragende Bedeutung Petrarcas zwischen Mittelalter und Renaissance zu beleuchten.

Die Zeit Mitte der siebziger Jahre war eben nicht nur Petrarca und dem damals noch »finsteren« Mittelalter nicht günstig – was sich bekanntlich bald ändern sollte, in der Wissenschaft und mit Umberto Ecos Roman *Der Name der Rose* (1980) –, sondern auch der Dichtung. Schon der Begriff Dichtung war irgendwie verdächtig. Die Zeit, die mit dem Datum 1968 ff. verbunden ist, stand ja unter dem Sternbild der Unruhe, der Bewegung, der Auflösung erstarrter oder als erstarrt erachteter Verhältnisse. Wenn man sich die Chronik der laufenden Ereignisse von 1974 und 1975 anschaut, dann kann man kaum fassen, in welcher Dichte die katastrophalen Daten aufeinander folgen, vom Vietnamkrieg bis zu den Prozessen gegen Andreas Baader und Ulrike Meinhof, von den Grenzen des Wachstums bis zur Ölkrise und weltweiter Inflation, von der Sprengung der Deutschen Botschaft in Stockholm bis zu den Bombenattentaten der IRA, von Watergate und unterirdischen Atomtests bis zum Rücktritt von Willy Brandt durch die Affäre Guillaume und immer so weiter und immer so fort.

In dieser aufgeheizten Atmosphäre einen zeitgenössischen Dichter zu ehren und an einen sechshundert Jahre alten Spezialisten der »Ruhe in der Unruhe« und des »eiskalten Feuers« zu erinnern, der sein Leben »vagando et cogitando« (»umhergehend und sinnend«) verbracht hatte, war mehr als gewagt. Petrarca schrieb damals: »Ich will nicht daran gehindert werden, den Fuß dorthin zu setzen, wohin es mir gefällt, hier vorüberzugehen, hier ins noch Unbegangene einzudringen, dem kürzeren oder, wenn es mir in den Sinn kommt, dem gemächlicheren Weg zu folgen, zu eilen und innezuhalten, abzuschweifen oder auch umzukehren.« Ist das nicht die genaue Beschreibung der dichterischen Arbeit? Dichtung und Literatur überhaupt sollten in jenen Jahren um 1968 in Dienst genommen werden, sie sollten unbedingt etwas wollen und zumindest für die Veränderung der Lebensverhältnisse einstehen, ansonsten müssten sie sich aus den gesellschaftlich relevanten Diskursen heraushalten. Dichtung hatte plötzlich keinen Wert mehr. Und auch wenn sich diese Einschätzung heute ein wenig geändert hat, so ist doch der Fluch auf der Dichtung kleben geblieben: Sie hat sich nicht mehr von ihm erholt.

Petrarcas Lebenselement dagegen ist die Unruhe des *errare*, wie Stierle schreibt: »Wenn er sich auch in Augenblicken der Entmutigung nach dem Frieden jenseits aller Unruhe sehnt, als einem Horizont am Ende aller Horizonte, so fürchtet er doch mehr noch den *sopor*, den Frieden der Trägheit und der Erschöpfung, dem er sich bis zu seinem letzten Lebenshauch widersetzt.«

Mir wurde aufgetragen, eine Jury zusammenzurufen. Ich fragte Nicolas Born, den ich aus Berlin kannte, wo er an einem Projekt von Walter Höllerer im Literarischen

Colloquium teilgenommen hatte und hängengeblieben war. Seine Gedichtbände *Wo mir der Kopf steht* und *Das Auge des Entdeckers* schienen mir einen Ausweg aus den Fesseln der sogenannten »neuen Subjektivität« zu weisen, wie sie damals sich in einer Feier des Alltagslebens im Gedicht ausdrückte. Außerdem gefiel mir, dass er, der eine Lehre als Chemigraph gemacht hatte, wie ich ein Autodidakt war, der seine Beschlagenheit in literarischen Dingen sich selber angeeignet hatte. Und schließlich bat ich den Schweizer Urs Widmer, der Jury beizutreten. Ihn kannte ich noch als Kollegen aus seiner Lektorenzeit beim Suhrkamp Verlag, und seine Essays hatte ich in der *FAZ*, deren Literaturblatt damals von Karl Heinz Bohrer geleitet wurde, besprochen. Urs Widmers Überlegungen zum »Utopischen« in der Literatur hatten so gar nichts zu tun mit dem Mief der siebziger Jahre, dem Katzenjammer nach der gescheiterten Revolte. Zusammen mit Bazon Brock und Peter Handke waren wir also fünf Juroren, die einen Preisträger finden sollten. Hubert war bei den Sitzungen, die oft an exzentrischen Orten stattfanden, zum Beispiel in einem zu einem Hotel umgebauten Schloss in Versailles, immer dabei, hat sich aber prinzipiell nie eingemischt.

Die Jurysitzungen – später auch mit den Juroren Lars Gustafsson, Zbigniew Herbert, Alfred Kolleritsch und Peter Hamm – waren immer Teil der festlichen Vorbereitungen auf das eigentliche Fest der Verleihung. Jeder reiste mit einem Packen Bücher an, man las sich gegenseitig vor, diskutierte, aß und trank und machte ganz im Sinne Petrarcas, der den Zusammenhang von Gangart und Erkenntnis immer wieder thematisiert hatte, lange Spaziergänge. Und mit Peter Handke hatten wir einen Juror, der geradezu ein Berufsspaziergänger war: Seine Berichte über Wanderungen im Karst oder bis nach Alaska sind unvergessen. Und Petrarca lief immer voraus oder hinterdrein:

»Versonnen, einsam, müd und voller Zagen
durchschweif ich dumpf die unwirtlichste Flur,
der Flucht gewärtig, bangend, dass die Spur
von Menschentritten Sand und Ufer tragen.«

II

Der erste Preisträger, auf den wir uns schließlich nach zwei Wochenenden einigten, war der vom Niederrhein stammende, in Köln lebende Dichter und Übersetzer Rolf Dieter Brinkmann. Seinen (letzten zu Lebzeiten erschienenen) Gedichtband *Westwärts 1 & 2* hatten wir mit großer Begeisterung in den Fahnen gelesen, als uns die Nachricht von seinem Tod erreichte. Er war nach einem Besuch bei dem Dichter (und späteren Petrarca-Preisträger) Michael Hamburger beim Überqueren einer Straße in London von einem Auto erfasst worden. Der erste Petrarca-Preis sollte also postum vergeben werden. War das ein schlechtes

Vorzeichen? Denn Brinkmann war ja nicht nur ein ungewöhnlich guter Dichter, sondern durch seine Übersetzungen und Herausgaben amerikanischer und englischer Pop-Lyriker auch eine Ikone der sogenannten Untergrundszene. Würde man ihm durch einen Petrarca-Preis eine falsche Abstammung andichten? Nein, war die Antwort, sondern die richtige! Es kam eben darauf an, die Linie von Petrarca bis zu dem von Brinkmann übersetzten John Ashbery und bis zu Rolf Dieter Brinkmann selber auszuziehen. Wer das missverstehen wollte, hatte von den Absichten Brinkmanns nichts verstanden.

Hubert Burda ließ sich am wenigsten beirren. Für ihn stand fest, dass wir am zweiten Wochenende im Juni 1975 den Preis auf dem Mont Ventoux verleihen und an dessen Fuß, an den Ufern des für Petrarca – aber auch für René Char – so wichtigen Flüsschens Sorgue, ein Fest feiern. Und so kam es denn auch. Eine Gruppe von etwa dreißig Menschen bestieg – nachdem uns zugegebenermaßen ein Bus ein Stück hoch gefahren hatte – den Ventosus, den Windigen, und in einem geschützten Steinschuppen kurz vor der Spitze hielten Nicolas Born und Peter Handke in Anwesenheit von Brinkmanns Frau Maleen ihre Reden.

Nicolas Born: »Brinkmann hat auf seine verzweifelte und oft auch verrannte Art nach Wahrheit, Klarheit und Sinn gesucht. Finden müssen hat er unzählige dreckige Stilleben, tötende Betonlandschaften, in der sich jede anwesende Kreatur vergißt. Alles wird in Brinkmanns Perspektive zu einem dumpfen bewußtlosen Verrotten, zu einer Verödung der Städte, Landschaften und Menschen. Für ihn war das nicht Prognose, auch nicht Katastrophenphantasie wie bei Futorologen, die aus der Zukunft nicht mehr zurückfinden, für ihn war das schon der gegenwärtige, geisterhafte und tote Weltzustand, der kaum noch wahrnehmbar ist mitten im andauernden, unsichtbar gewordenen Krieg.« Und Peter Handke, der nach Notizen sprach:

»›Wandern‹ (früher): Brinkmann: ›tapern‹, ›ausgelatscht‹. Wanderer als Subjekt der Landschaft; Brinkmann *Objekt* der Landschaft, Landschaft ist das Handelnde, Aktive, Böse geworden; B., der Objekt gewordene: daß er das *formuliert*, dass er daraus was *macht*, dass er sich formulierend wehrt, das ist das einzige, was ihn als Subjekt erscheinen läßt: sein Strampeln, Schlagen gegen die Subjektverdrängung, unversöhnlich.«

Wir standen also auf dem höchsten Berg dieser Gegend, den Augustinus in der Manteltasche, und ich las den berühmten und in der Geschichte der Wahrnehmung weltverändernden Brief an Francesco Dionigi da San Sepolcro vom 26. April 1336, der so beginnt: »Den höchsten Berg dieser Gegend, den man nicht unverdientermaßen Ventosus, den Windigen, nennt, habe ich am heutigen Tage bestiegen. Dabei trieb mich einzig die Begierde, die ungewöhnliche Höhe dieses Flecks Erde durch Augenschein kennenzulernen. Viele Jahre lang hatte dieses Unternehmen mir im Sinne gelegen; habe ich doch in der hiesigen Gegend, wie du weißt, seit meiner Kindheit geweilt, wie eben das Schicksal die menschlichen Dinge fügt. Dieser Berg aber, der von allen Seiten weithin sichtbar ist, steht mir fast immer vor Augen.«

Dieser grandiose Text ist zu Recht einer der am meisten gelesenen und gelobten seiner Zeit und aller Zeiten, aber leider ist hier nicht der Platz, seine Rezeption auch nur in Umrissen darzustellen. Ein Hinweis auf den grundlegenden Aufsatz des Philosophen Joachim Ritter über »Landschaft« und die neuzeitliche Landschaftserneuerung seit Petrarca, der uns bekannt war (und den wir gelesen hatten), muss hier genügen. Bazon Brock, der später in einem Gasthaus inmitten blühender Lavendelfelder sogar eine Petrarca nachempfundene Dichterkrönung vollzog – Maleen Brinkmann musste den Kopf hinhalten –, hielt uns einen Vortrag, in dem er sagte: »Petrarca versteht nun den Mont Ventoux als jenen Heilsberg, den zu erklimmen zum Beispiel Dante als Weg der Läuterung beschrieben hatte. Das Leben sei anstrengende und gefährliche Wanderschaft bis zu jenem Höhepunkt, an dem sich Seele und Selbstbewußtsein von ihrem leiblichen Träger trennen. – Der Gipfel des Läuterungsberges ist das Ziel aller Lebensbewegung und das Ende des Lebensweges. Dort wird sich das Auge des Wanderers auf ihn selbst richten, um schließlich sein eigenes Inneres als die Welt zu entdecken, der er sich zu stellen hat.« In einem altmodischen Sinn bezaubernd (im Sinne von verhexend) waren auch die Lesungen der beteiligten Autoren. Peter Handke las zum Beispiel eigene Übersetzungen von Gedichten des ganz in der Nähe, in L'Isle sur Sorgue, lebenden René Char, die in ihrer »verrätselten Klarheit« das genaue Gegenstück bildeten zu den Gedichten von Rolf Dieter Brinkmann. Man konnte plötzlich spüren, wie sich die gegensätzlichen Weisen, die Welt anzuschauen, zugleich verbanden, aber auch trennten, vor allem die seither berühmt gewordenen Gedichte »Nach Shakespeare« und »Einer jener klassischen schwarzen Tangos in Köln...«

Die öffentliche Wirkung der Preisverleihung war – nicht zuletzt durch die enthusiastische Berichterstattung von Rolf Michaelis in der *ZEIT* – so tiefgreifend, dass ich in den folgenden Monaten unzählige Bewerbungen für das kommende Jahr erhielt. Offensichtlich war das »andere Sprechen« über Poesie und Poetik sehnsüchtig erwartet worden, offensichtlich war man es leid, von Gedichten immer etwas verlangen zu sollen. Urs Widmer hat es bei der zweiten Verleihung des Preises – ausnahmsweise an zwei Personen – in Arquà, dem letzten Wohnort Petrarcas zwischen Padua und Ferrara gelegen, in seiner Laudatio auf Sarah Kirsch, die damals noch in der DDR lebte, gesagt: »Sarah Kirsch ist, wie alle Dichter, nicht mächtig, sondern ohnmächtig. Sie jammert nicht darüber. Sie hält sich nicht für etwas Besseres.« Und Nicolas Born sagte in seiner Laudatio auf den anderen Preisträger, Ernst Meister, dem gelegentlich in einem abwertenden Sinne das Etikett »Hermetismus« umgehängt wurde: »Gut, Hermetismus – ich finde diesen Hermetismus wirklich gut, ich bin froh, daß es ihn gibt, denn er schließt ja Fragen ein, Gedanken, Bilder, Poeme, wie sie früher einmal zur komplexen Menschwerdung gehörten.« Man ist verblüfft, wenn man heute die damalige Diskussion um den Wert und die Bedeutung der Lyrik nachliest, und man versteht sofort, dass ein so eigensinniger Autor wie Ernst Meister in diesen Diskussionen nicht einmal erwähnt wird.

Allen, die an dieser zweifachen Preisverleihung in Petrarcas Sterbehaus teilnehmen konnten, wird dieses Wochenende unvergesslich bleiben: die alte Beschließerin mit Dutt, die uns im Hauskittel kundig führte, als hätte sie den Dichter noch persönlich gekannt, die Lesungen im Garten von Rolf Haufs oder Oskar Pastior, der dort den Entschluss fasste, seine eigenen, eigenwilligen Übertragungen der Sonette Petrarcas zu versuchen, der Vortrag Wolfgang Liebeneiners über das Bildnis Petrarcas im ehemaligen Palast der Carrara zu Padua, das als das früheste Bild eines Gelehrten in seinem Studiolo gilt, und schließlich die Begehung der Villen und Parks in der Nähe – aber am eindrücklichsten ist den meisten von uns in Erinnerung geblieben die physische Präsenz des Dichters Ernst Meister. Mit einem Vergrößerungsglas vor den Augen las dieser uns alle überragende Mann im Freizeithemd seine Gedichte von einem Blatt Papier ab, jedes Wort betonend, damit ihm keines entkomme. Es war ein Ereignis:

Es will sich
im Toten
das Nichts verschweigen.
So ist es
ganz wirklich.

III

In Arquà Petrarca zeichnete sich schon ab, dass sich ein Freundeskreis um unseren Preis bilden würde. Gleichzeitig war die Resonanz nach außen so beängstigend groß, dass ich Fragen zur Teilnahme immer häufiger abschlägig bescheiden musste. Es bestand die Gefahr, dass wir zu einem poetischen Tourismusunternehmen werden würden. Schon nach zwei Verleihungen war uns allen klar, dass der Preis seine von uns gewollte, ihm von außen aber auch bereits zugeschriebene Aura nur dann behalten könne, wenn wir die Zahl der Teilnehmer an den Verleihungen begrenzten. In dem leicht zu erreichenden Tusculum, wo der Preis an Herbert Achternbusch verliehen wurde, drängten sich bei einem plötzlichen Gewitter die Menschen unter dem Dach eines Tempels, den Bazon Brock auf dem Grund der antiken Stadt in der Nähe des Amphitheaters aus Zeltbahnen erbaut hatte – inklusive Blumengirlanden alla Mantegna. Die Verleihung trug zunächst komische, dann lächerliche Züge, weil der Preisträger partout nicht Bazon Brocks

Inszenierung folgen wollte. Gleich wird dieser versuchen, Brock das Buch zu entreißen – eine auf zwei Personen begrenzte zeitgenössische Laokoon-Darstellung auf den Ruinen der antiken Stätten. Warum Tusculum und nicht Rom? Eines der großen Vorbilder Petrarcas war Cicero. Bazon Brock: »Hier in Tusculum hatte Cicero durch den Bau eines Landhauses, eines Lyceums und eines Gymnasiums den Versuch gemacht, Aspekte der für ihn vorbildlichen griechischen Polis zu realisieren. Hier glaubte er, ein akademisches Lebenszentrum schaffen zu können, das den Vergleich mit jenen des 5. Jahrhunderts vor Christus in Attika nicht zu scheuen haben würde. – Cicero ist durch die Überlieferung seiner Person und Werke die uns am besten bekannte historische Persönlichkeit der Antike. Das ermöglichte Petrarca, sein eigenes Leben bis in kleinste Einzelheiten auf das des Cicero auszurichten.« Achternbusch, der tollkühne Erzähler und heroische Filmemacher, angereist mit seiner ganzen Familie im VW-Bus, wollte von diesen historischen Ausflügen leider nichts wissen. Aber wer Bazon Brock kennt, weiß, dass er sich von solchen Zurückweisungen nicht düpieren lässt. »Wir stehen hier« – erzählte er uns –, »wo auch Cicero real leiblich präsent war. Er stünde vielleicht direkt neben uns. Wir können auf den Boden zeigen und wissen, daß er hier war, oder vielleicht dort – wohin wir uns aber ebensogut umstandslos begeben können. Die Geographie, der Raum ermöglichen uns Konstanz in der Orientierung, wie sie in der Zeit, in der

Geschichte nicht möglich ist.« Die Frage des Ortes, des Raumes war damals deshalb so wichtig, weil zu klären war, ob der Papst als höchster Repräsentant der christlichen Kirche in Avignon verbleiben könne und nicht eigentlich wieder nach Rom gehöre. Petrarcas Antwort war eindeutig: Rom.

Aber wir standen auf antikem Boden. Und ungeachtet der schlechten Laune des Preisträgers wurden der Nachmittag und der Abend nach der Verleihung ein großes Fest. Im Amphitheater hielt Urs Widmer eine Rede über das Schöne im Kopf, Ursula Krechel, Christoph Derschau und Paul Wühr, der spätere Preisträger, der ebenso gut Bayerisch sprechen konnte wie Achternbusch, lasen Gedichte, ich las, das Buch auf den runden Stein in der Mitte des Theaters gelegt, der in meiner Einbildung dort schon seit Cicero stand, Petrarcas berühmten Essay über zu viele Bücher, die den Kopf eher benebeln als aufklären. Aber am eindrücklichsten im Kopf geblieben ist die Vorführung der *Effeschiaden* des schwäbischen Künstlers Fritz Schwegler, der wie ein mittelalterlicher Ausrufer mit lauter Stimme von langen Papierrollen seine surrealen Botschaften vortrug. Und unvergessen bleibt natürlich der abendliche Pasta-Wahnsinn in einem Restaurant in Frascati, an dem all der junge Wein, der, gerade von den vulkanischen Bergen gekommen, in den Kellern reifen sollte, von uns als Spumante und als strohgelber Weißwein wirklich in rauen Mengen weggeputzt wurde. – Die Resonanz in der Presse war gewaltig, ausführlicher war Jahre davor und danach nicht über eine Preisverleihung an einen Dichter berichtet worden. Besonders diejenigen taten sich mit besserwisserischer Häme über die üppigen Verhältnisse hervor, die am ausgiebigsten bei den Speisen und Weinen zugegriffen hatten. Solche Reaktionen haben ihre gute Wirkung darin, dass die Freunde leichter von den Feinden zu trennen sind.

IV

Im Juni 1978 fuhren wir nach Siena. Mittlerweile hatten die Mitarbeiter von Hubert Burda eine gewisse Routine mit den eigenwilligen Deutschen auf den Spuren Petrarcas entwickelt, so dass wir zwischen all den anderen Gruppen, die Siena bewunderten, nur dadurch auffielen, dass wir unsere eigenen Führer mitgebracht hatten, die sich offenbar genauso gut auskannten wie die einheimischen. Ohnehin hörte man in den Restaurants und Geschäften immer wieder das schöne deutsche Italienisch, denn ungeachtet aller ideologischen Unterschiede waren damals viele der besseren Villen in den Dörfern und Städtchen um Siena herum bereits in deutscher Hand. Man darf leider nicht annehmen, dass diese inzwischen gefahrlose *grand tour* die Kenntnisse der italienischen Renaissance gefördert hätte, aber immerhin verbreiterten sich die Kenntnisse über Öl und Wein.

Hubert hatte uns in der Certosa di Maggiano untergebracht, einer Anlage mit großem Garten, in der auch die Lesungen stattfinden konnten. Und außerdem konnte es nicht schaden, in einer, wenn auch säkularisierten, mönchischen Herberge einzuschlafen und aufzuwachen.
Der Preis ging an den Grazer Dichter und Herausgeber der Literaturzeitschrift *manuskripte* Alfred Kolleritsch. Es bleibt ein prekäres Phänomen der deutschen Literaturpolitik, dass österreichische Autoren, die nicht in deutschen Verlagen publizieren, nur am Rande wahrgenommen werden. Das ist der Grund, warum ein so herausragender Lyriker wie Alfred Kolleritsch, der auf Grund seiner Herausgeberschaft mit allen wichtigen deutschen und österreichischen Autoren bekannt, wenn nicht befreundet war, in Deutschland nicht die Aufmerksamkeit auf sich ziehen konnte, die er verdient hätte. Gewiss, er hat nach uns den einen oder anderen Preis erhalten, aber eine tiefere Beschäftigung mit diesem poetisch-philosophischen Kopf hat nie stattgefunden, schon gar nicht vor dem Jahr 1978. Lag es daran, dass man um ihn als einem ernsthaften Leser Heideggers einen Bogen geschlagen hat? Aber war nicht auch Ingeborg Bachmann eine Leserin Heideggers? Und von Paul Celan will ich in diesem Zusammenhang gar nicht reden. Wie auch immer, Alfred, der enge Freund Peter Handkes, der bald unser aller Freund wurde, gehört seit 1978 zu unserer Fahrgemeinschaft dazu.

Die Verleihung im Palazzo Pubblico war, man kann es nicht anders sagen, gewaltig! Wir hatten, unter Bazons kundiger Begleitung, die Bilder der guten und der schlechten Regierung bewundert und uns lange vor der Allegorie der DIVISIO von Ambrogio Lorenzetti, einem Zeitgenossen Petrarcas, aufgehalten, auf der bekanntlich eine in ein schwarzweiß gefärbtes und mit den Worten *si* und *no* beschriftetes Wams gekleidete Figur abgebildet ist, die sich gerade anschickt, sich in der Mitte des Leibes zu zersägen. Bazon in Hochform! Man konnte die Säge wie seit sechshundert Jahren knirschen hören!

Und dann im Palazzo Pubblico die Verleihung an Alfred Kolleritsch. Peter Handke hielt die Laudatio: »Deine Verse setzen, gegen die Zeitgenossen, gegen Dich selber, den Ernst eines Werks, welches uns, die wir diesen Preis zu vergeben hatten, zuerst verstummen ließ; dann still begeisterte, dann ziemlich laut glücklich machte: Es war die Bescherung einer unverhofft lebendigen Zeit, ähnlich der Momente damals, als wir, bei der Lektüre der Gedichte Ernst Meisters, ›es plötzlich wußten‹.«

Die eigentümliche Aura des Preises wurde wieder spürbar. Man verließ den Palazzo anders, als man ihn betreten hatte, für einen Moment hatte die Säge zwischen *si* und *no* innegehalten.

Alfred Kolleritsch las zur Antwort Gedichte. Eines lautet so:

Wenn man schreibt,
gehen die Türen nicht zu,
eine Frage klebt an der anderen,
eine Befürchtung
stülpt sich aus der nächsten.

So dringt die Harmonie ein,
wie Eis, das durch Stahl wächst,
und man spürt das warme Rieseln
ringsum.

Dann schmerzen die Augen,
dann zerbricht man das Liebste,
dann ist die Güte ein Würgegriff,
dann schreibt man ins Leere
oder sagt:
»nur bis an den Rand des Herzens«

Man sagt es dir,
vor der man nur eine Hand hat,
sich zu verbergen.

Im Garten der Certosa las Sarah Kirsch ihren *Meropsvogel*, Oskar Pastior neue Gedichte, und Ernst Meister las, jedes Wort aus einem tiefen Brunnen heraufziehend und unter seine Lupe haltend, das Gedicht:

Es war Mai,
Juni auch, und es wurde
manches empfunden
betreffs der Natur.

Diese, sich über
den Weltabgrund neigend
mit Gleichmut. O
goldener Ginster.

Und zum ersten Mal las Jürgen Becker. Unter den Gästen war der Philosoph Reinhard Brandt, ein genauer Kenner der Kultur- und Kunstgeschichte Italiens, und der Soziologe René König, der ganz in der Nähe ein Haus hatte, Autor einer großen Monographie über Machiavelli.

Urs Widmer hielt, wie jedes Jahr, eine Rede. Diesmal stellte er sich vor, was Petrarca, auf die Erde zurückgekommen, wohl von uns denken würde, die in seinem Namen einen Poesiepreis vergaben. Urs Widmer gab in dieser Rede zu, dass er nicht allzu viel vom Leben und Werk des großen Humanisten gekannt habe, bevor er gezwungen war, sich durch das Jury-Abenteuer damit zu beschäftigen. Jetzt wisse er mehr, aber immer noch nicht genug, richtig leiden konnte dieser Schweizer Freigeist das Pathos des Petrarca nie. Tatsächlich war es schwer, in den siebziger Jahren Literatur von und über Petrarca zu erhalten, wenn man sich nicht durch Bibliotheken fressen wollte. Noch 2003 konnte Karlheinz Stierle in seiner schon erwähnten Monographie über Petrarca schreiben: »Der deutsche Leser Petrarcas hat bisher nur schmale Kost bekommen. Weniges ist übersetzt, und dieses zumeist nur, soweit es sich einem unbefragten Vorverständnis fügt.« Außer der schon erwähnten kleinen Sammlung von Hanns Wilhelm Eppelsheimer gab es in den siebziger Jahren keine Texte von Petrarca in deutscher Übersetzung, keine Gedichte, keine der für diesen Autor charakteristischen Briefe, weder die Trionfi noch die Gespräche. Die letzte Ausgabe *Sämtliche Canzonen, Sonette, Balladen und Triumphe von Francesco Petrarca*, übersetzt und mit erläuternden Anmerkungen versehen von Karl Förster, war in zweiter Auflage in Leipzig 1833 erschienen, vor einhundertfünfzig Jahren. Eine zweisprachige Ausgabe der *Besteigung des Mont Ventoux*, herausgegeben von Kurt Steinmann, erschien 1995; die *Briefe an die berühmten Alten*, übersetzt und kommentiert von Florian Neumann erschienen 1999; *De remediis utriusque fortunae*, übersetzt von Rudolf Schottländer, wurde 1975 herausgegeben. Dieser letzte Band ist deshalb so wichtig, weil er eine Bibliographie der Schriften Petrarcas des Philosophen Eckhard Keßler enthielt. Keßler, ein Schwiegersohn des schwäbischen Pfarrers und Dichters Albrecht Goes, der in München lehrte, war später auch einer unserer Gastredner bei einer Preisverleihung in Venetien. Den vollständigen *Canzoniere* hat Ernst-Jürgen Dreyer 1989 nach einer Interlinearübersetzung von Geraldine Gabor in deutsche

Verse gebracht; schließlich gab es eine kleine Auswahl der Liebesgedichte in der Übersetzung von Jürgen von Stackelberg und die Übersetzungen von Karlheinz Stierle selber. Ich will damit nicht sagen, dass der Petrarca-Preis verantwortlich dafür war, dass nach und nach doch einige der Werke des Dichters und Denkers aus dem 14. Jahrhunderts den Weg zu deutschen Lesern gefunden haben, aber wir haben immerhin dafür gesorgt, dass einige sich gefragt haben, was es mit der geheimnisvollen Laura auf sich hat und welche Rolle Petrarca bei der Entdeckung der Landschaft gespielt hat.

V

Die Jurysitzung zur letzten Preisverleihung fand am 28. März 1979 in Salzburg statt, ich werde sie aus bestimmten Gründen nie vergessen. Ich hatte Nicolas Born in München am Flughafen abgeholt und fuhr mit ihm im Auto nach Österreich. Ein paar Jahre zuvor war ich schon einmal mit ihm diese Strecke gefahren, über Salzburg nach Klagenfurt, um Gert Jonke zu besuchen, der gerade seinen *Geometrischen Heimatroman* veröffentlicht hatte, und von dort nach Leoben, um Günter Kunert zu sehen, der mit seiner Frau Marianne in dem FKK-Areal »Helio-Carinthia« seinen Urlaub verbrachte. Die Fahrt in meinem Deux Chevaux war ungeheuer lustig, wir lästerten und spotteten über alles und jedes, und sowohl in Klagenfurt wie in Leoben erlebten wir Dinge, die Born auf der Rückfahrt immer wieder unter Lachsalven erzählte. Diesmal dagegen sah er müde aus, weil er die ersten Behandlungen seiner Krebstherapie schon hinter sich hatte, aber er wollte unbedingt an der Sitzung teilnehmen. Im Jahr zuvor waren seine Gedichte erschienen, jetzt stand die Veröffentlichung seines Romans *Die Fälschung* bevor, er sollte den Rilke-Preis erhalten – eigentlich lief alles gut. Wir saßen nach der Ankunft in Salzburg zusammen in meinem Zimmer, warteten auf bestellte Club-Sandwiches und schauten im Fernsehen Nachrichten, weil irgendetwas in einem amerikanischen Atomkraftwerk passiert gewesen sein sollte. Tatsächlich erfuhren wir aus den Nachrichten, dass es am 28. März im Kernkraftwerk von Harrisburg, der Hauptstadt von Pennsylvania am Susquehanna River, zu einer Kernschmelze gekommen war. Born, der an der Elbe wohnte und aktiv in die dortige Anti-Atomkraftbewegung eingebunden war, schaute wie elektrisiert auf den Bildschirm, als wäre nun endlich die Bestätigung aller Befürchtungen eingetroffen. Er war fix und fertig. Als der Kellner mit den Sandwiches kam, fragte ich ihn, in welchem Zimmer sich im vergangenen Jahr der Schriftsteller Jean Améry das Leben genommen hätte. In diesem, sagte er lakonisch, stellte sein Tablett ab und verschwand wieder. Ein paar Tage vor seinem Tod am 18. Oktober 1978 hatte ich von Améry eine Postkarte erhalten, weil er nach München zu einer Lesung kommen und mich in irgendeiner Verlagsangelegenheit sprechen wollte. Es war fast zu viel für einen Tag.

Im Jahr 1979, sollte der letzte Petrarca-Preis an den polnischen Dichter Zbigniew Herbert gehen. Ich war besonders glücklich über diese Entscheidung. Zehn Jahre vorher hatte ich ihn in Berlin kennengelernt und mich mit ihm angefreundet, seine Gedichte und seine kunsthistorischen Arbeiten waren mir buchstäblich ans Herz gewachsen, wir sahen uns gelegentlich hier und da, wenn er in Deutschland war. Viele Jahre nach seinem Tod fand ich in einem polnischen Buch mit seinen Gedichten, das er bei mir vergessen hatte, ein mehrseitiges handschriftliches Manuskript eines noch nicht beendeten Gedichts von ihm mit dem Titel *An Michael Krüger*, in dem er die Schwierigkeiten der Annäherung an seine deutschen Freunde beschreibt. Katharina Raabe hat es an den Schluss der von ihr betreuten Gesamtausgabe der Gedichte gestellt.

Nach Verona kam Zbigniew Herbert mit seiner Frau, mit seinem Übersetzer Karl Dedecius – dem wir die Übersetzung so vieler polnischer Dichter zu verdanken hatten – und mit seinem Verleger Siegfried Unseld. Hubert hatte wieder einen prächtigen Saal gefunden, in dem die Verleihung stattfand, viele alte Freunde und einige neue waren angereist, Rolf Haufs, Peter Rühmkorf, Lars Gustafsson, Inge Feltrinelli und Lea Ritter-Santini, Gregor von Rezzori, Rolf Michaelis und Hans-Jürgen Fröhlich und viele andere. Die meisten von ihnen sind in der Zwischenzeit gestorben.

Ich hielt die Laudatio; und weil es die letzte war, durfte ich ein wenig abschweifen: »Der Petrarca-Preis war von seinem Stifter und der Jury von Anfang an als unabhängiger Autorenpreis gedacht gewesen und mit einem Anspruch versehen worden, der sich bewußt abheben sollte vom konventionellen Zeremoniell des schlechten Gewissens, das sich, ohne die Sache zu meinen, um die es geht, durch die Übergabe von Schecks, zu entlasten versucht. Ob uns die Verwirklichung unserer Idee, bestimmte Spuren und Motive Petrarcas, von der Quelle von Vaucluse bis nach Verona, wo er, wie er schreibt, ›Gott sei Dank wohl gelitten war‹, mit unseren von theologischen Ambitionen freien Vorstellungen zu verbinden, gelungen ist, müssen Sie entscheiden. Wer die Idee selber nicht verstanden hat oder mißverstehen wollte als Wiederauflage der römischen Dichterkrönung Petrarcas, dem ist auch heute nicht mehr zu helfen. (...) ›Wie oft‹, schreibt Petrarca in seinem fiktiven Dialog mit Augustinus über die Weltverachtung, ›wie oft habe ich Dich klagen hören, wie oft Dich schweigend und voll Ärger gesehen, weil, was für den denkenden Geist so klar und leicht zu erkennen war, sich weder mit der Zunge noch mit dem Griffel erschöpfend ausdrücken ließ‹.«

Und dann das Lob des großen polnischen Dichters, der sich, wie nicht anders zu erwarten, mit einem Hinweis auf Petrarca bedankt hat: »Wir alle wissen, daß Verona eine besondere Bedeutung im Leben Petrarcas hatte. Es ist ein Ort, an welchem sich eine stille Tragödie ereignete. Hier hat Petrarca einen alten Codex entdeckt – nämlich die Briefe Ciceros. Cicero war neben Vergil und Seneca sein liebster klassischer Autor. Im Zeitalter der Taschenbücher kann man sich nicht vorstellen, wie wunderbar diese Offenbarung war. Zum ersten Mal konnte man die private Stimme des großen Redners hören. Diese Schriften waren nicht für die Öffentlichkeit bestimmt gewesen, ihr Ursprung war vertraulicher Natur, und sie zeigten den Verfasser nicht immer im besten Licht. Petrarca las diese Briefe, zuerst mit Bewunderung, dann mit gemischten Gefühlen, zuletzt mit arger Enttäuschung. Warum? fragen die Forscher. Ich glaube, die Antwort ist einfach: Ciceros Briefe waren ein Spiegel, in welchem Petrarca sich selbst erkannte – seine politischen Utopien und peinlichen Querelen, seine Verwirrung und auch seine ständige Suche nach Ruhe. – Bevor Petrarca – dieser unermüdliche Wanderer – sich auf seine letzte Reise begab, korrigierte, verbesserte und vernichtete er seine Manuskripte und Briefe. Die Moral dieser Geschichte ist auch für uns gültig: man soll die Spuren verwischen. Exhibitionismus ist keine geistige Haltung.«

Und dann machte er uns mit seiner neuen Entdeckung bekannt, seinem Herrn Cogito, der bis Zbigniews Tod nicht mehr von seiner Seite weichen sollte: Herr Cogito, der ebenso kluge, spöttische und ironische wie empathische und mitleidende Gefährte war nicht nur das Alter Ego des Dichters, sondern auch eine eigenständige literarische

Person, die sich aus ihm herausgedreht hatte. Eines der Gedichte des Herrn Cogito, das Zbigniew Herbert vorlas, lautete:

Herr Cogito über den Gedankenverkehr

Gedanken gehn durch den Kopf
meint eine Redensart

die Redensart überschätzt
den Gedankenverkehr

die meisten
stehn reglos
mitten in der öden Landschaft
der grauen Hügel
und dürren Bäume

manchmal erreichen sie noch
den reißenden Fluss der fremden Gedanken
bleiben am Ufer stehn
auf einem Bein
wie hungrige Reiher

erinnern sich traurig
an die versiegten Quellen

drehn sich im Kreise
suchen nach Körnern

sie gehn nicht
denn sie kommen nicht an
sie gehn nicht
denn sie wüßten nicht wohin

sie sitzen am Stein
ringen die Hände

unter dem tiefen
bewölkten
Himmel
des Schädels

Bei den Lesungen kam neben den Dichtern auch Lea Ritter-Santini, eine italienische Germanistin aus Münster, zu Wort, die an diesem Nachmittag nach der Preisverleihung und in den folgenden Jahren ein Projekt vorstellte, welches das Fortwirken Petrarcas in der deutschen Dichtung zeigen sollte: *Amore amaro – und seine deutschen Nachahmer*. Es reichte von der Übersetzung des Martin Opitz eines Sonnets aus dem italienischen Petrarchae von 1624 über Jakob Michael Reinhold Lenz und seinen *Versuch über die neunte Canzonetta Petrarchs* von 1776 bis hin zu Rilkes ergreifenden Übersetzungen von 1918. Besonders die vielen

Übersetzungen des Sonetts *Solo et pensoso i più deserti campi* ... seit der Barockzeit fanden in Lea Ritter-Santini eine überzeugende Interpretin, die das Gedicht mit den unterschiedlichen Nachdichtern als Ausdruck der »religiösen Reue und Scham für eine dominierende, zu irdisch erlittene Liebe, als Seelenzustand des Melancholikers oder als jenes fern von der Menge pathetische Phantasieren« interpretierte, das »mit diesen Versen die ersten Regungen des romantischen Gefühls geweckt und gebildet haben soll«. Am schönsten fand ich die Übersetzung des Romantikers Schlegel, die so beginnt:
»Allein, nachdenklich, wie gelähmt vom Krampfe,
Durchmeß' ich öde Felder, schleichend träge ...«.
Aber auch Rilke, der geniale Übersetzer, kam ausreichend zu Wort mit seinen Petrarca-Übersetzungen:
»In ihres Alters blühendstem Beginn,
da Liebe Kraft gibt daß man ganz empfinde ...«
mit dem Schlussvers:
»O wie war Sterben schön heut vor drei Jahren!«

Danach das große Abschiedsfest im Restaurant »Dodici Apostoli« in der Altstadt von Verona, bei dem nicht nur der Wein, sondern auch die Tränen flossen, nachdem Karla Fohrbeck ein Lob des Mäzens und Fritz Schwegler einen gezeichneten Preisstifter-Preis an Hubert Burda verliehen hatten. Keiner wollte glauben, dass wir uns so, in dieser Zusammensetzung, nie wiedersehen sollten. Und es gab eigentlich auch keinen Grund, diese poetischen Exkursionen einfach abzubrechen. (Hubert Burda, der sich einen Haufen Arbeit ersparen würde, hatte natürlich gute Gründe!) Es deutete alles darauf hin, dass in dem ehrwürdigen Restaurant demnächst eine Revolte ausbrechen würde.

Mitten in diese herzliche Hochstimmung hinein kam die zunächst geheim gehaltene, dann schnell weitergegebene Nachricht, dass unser Freund Ernst Meister in Hagen gestorben war. Da seine Frau Else bei uns war (und sich prächtig amüsierte), mussten wir ihr diese entsetzliche Mitteilung machen.

Mit diesem Tod durfte unser Preis nicht enden. Beim Frühstück am nächsten Morgen fragte uns Hubert, ob wir noch einmal fünf Jahre lang den Preis vergeben wollten. Bis auf Urs Widmer wollten wir. Aber das ist eine andere Geschichte.

Es gibt keine glückliche Insel
Zbigniew Herbert
In Erinnerungen und Briefen

In meiner Erinnerung war es ein warmer Tag im Frühherbst 1966, als ich mich in Berlin zu einer Lesung zweier polnischer Dichter aufmachte: Zbigniew Herbert und Tadeusz Różewicz. Der Abend war Teil einer Lesereihe, die Walter Höllerer sich ausgedacht hatte. Der Professor für Literaturwissenschaft an der Technischen Universität war selbst Dichter und begründete unter anderem das »Literarische Colloquium« am Wannsee, wo sich die deutschen und die internationalen Schriftsteller die Klinke in die Hand gaben. In kurzen Abständen konnte man bei ihm hören: Yves Bonnefoy und Francis Ponge, Lars Gustafsson und Tomas Tranströmer, Ernst Jandl und Edoardo Sanguinetti, Charles Olson und Andrej Wosnessenski.

An jenem Abend hatte er die beiden polnischen Dichter eingeladen, zusammen mit ihrem Übersetzer Karl Dedecius. Die beiden, eher korpulenten Herren saßen auf der Bühne: Der ältere, Różewicz, 1921 in Radomsk geboren, ein kleiner sympathischer Herr mit schweren Sorgenfalten auf der Stirn, las geradezu minimalistische Gedichte und erklärte uns, dass die alte Kunst mehr oder weniger abgewirtschaftet habe und alle – konservativen wie revolutionären – Versuche, sie wiederzubeleben, vergeblich seien. Beim Vortrag dieser nihilistischen Diagnose schaute der Autor so traurig drein, dass man glauben konnte, er sei ein schwer depressiver Mann. Er sprach ein schönes, raues Deutsch, und wenn er nach einem Wort suchte, schaute er plötzlich verschmitzt ins Publikum, als wollte er uns auffordern, ihm zu helfen.

Nach dem heiteren Pessimisten trat Zbigniew Herbert auf, mit Himmelfahrtsnase unter einem schon grau werdenden Haarschopf, mit tiefen Grübchen in den Wangen und einem schalkhaften Blick. Selbst wenn man ihn und seinen Humor nicht kannte, musste man ihn lieben. Er las die Gedichte *Der Kiesel* und *Drei Studien zum Thema Realismus*, *Nike wenn sie zögert* und *An Marc Aurel*. Hier sprach ein Moralist von hohen Graden, der auf behutsame, aber eindeutige Weise die Geschichte ins Gebet nahm, der die Partei der Geschlagenen und Verbannten wählte und ihnen in den wenigen Worten der Poesie ihre Würde zurückgab. Wir waren begeistert. Uns allen war klar, dass wir einem Meister zugehört hatten, der sich nicht mit den scholastischen Fragen der Literaturfunktionäre herumschlug, aber auch nicht dem Trend folgte, mit immer waghalsigeren Experimenten der Poesie das Poetische auszutreiben. Und wo bei Różewicz eine radikale Negativität die Melodie vorgab, war es bei Herbert eine radikale Moralität.

Beide Dichter waren unter der deutschen Besatzung zur Untergrundarmee gekommen; beide sprachen selbstverständlich Deutsch, was mich damals beschämte. Wieso kommen diese großen Dichter ausgerechnet zu uns? Und warum kannten sie sich nicht nur in Mythologie und Geschichte aus, sondern auch in deutscher Literatur und Philosophie?

Wie der Zufall es wollte, saß ich nach der Lesung Zbigniew Herbert bei einem Bier gegenüber, der mich mit freundlich-ironischen Fragen nach der deutschen Gegenwartsliteratur traktierte, während ich ihn als dreiundzwanzigjähriger Nemo mit Lob zuschüttete. Dieser polnische Dichter konnte mit seinem Charme den ganzen Tisch unterhalten. Dabei war sein Sarkasmus so beißend, dass man sich besser nicht auf das glitschige Terrain der bei uns beliebten marxistischen Literaturkritik begab. Auf jeden Fall wurde es ein langer und fröhlicher Abend. Und da – damals wie heute – große Dichter keine Visitenkarten hatten, schied man mit dem Versprechen, sich bald wiedersehen zu wollen.

Ein Jahr später war der im Großformat gedruckte und edel ausgestattete Band *Inschrift* in der Übersetzung von Karl Dedecius bei Suhrkamp erschienen. Ich erwarb ihn an meinem neuen Wohnort München und las Herberts

Gedichte mit Begeisterung; manche konnte ich sogar auswendig wie *Bericht aus dem Paradies*, das optimistisch beginnt: »Im paradies dauert die arbeitswoche dreißig stunden«, aber sehr sauer endet: »Vorerst am samstag zwölf uhr mittag / heult die sirene süß / und blaue proletarier kommen aus den fabriken / sie tragen unter dem arm ihre flügel linkisch wie geigen.« Diese Gedichte verbreiteten einen geradezu heiligen Ernst, eine Ernsthaftigkeit, die an die Nieren ging: *Mors vulgaris, Unsere Angst* und *Warschauer Friedhof*. Aber auch die kurzen Prosagedichte liebte ich, die so gar nichts mit dem zu tun hatten, was man damals in meiner Umgebung zur Rettung der Welt schrieb. *Zwerge* war eines meiner bevorzugten Stücke: »Zwerge wachsen im walde. Sie haben einen spezifischen geruch und weiße bärte. Sie treten einzeln auf. Wenn es gelänge, davon eine handvoll zu sammeln, zu trocknen und über der tür aufzuhängen – vielleicht hätten wir dann ruhe.«

Im Jahre zuvor traf ich Zbigniew Herbert zufällig wieder, als ich meine Eltern in Berlin-Nikolassee besuchte und ich mittags aus Gott weiß welchen sentimentalischen Gründen den alten Schulweg ging. Plötzlich stand der Dichter, mit Netzen voller Lebensmittel behangen, vor mir. Mit einiger Nachhilfe meinerseits erinnerte er sich an unsere erste Begegnung. Wir gerieten ins Schwatzen, und weil Herbert so schwer zu schleppen hatte – unter anderem ein Netz mit Weinflaschen –, forderte er mich auf, ihn zu begleiten. Er wohnte, mit einem Stipendium des Deutschen

Akademischen Austauschdienstes versehen, gleich um die Ecke unserer Wohnung, in der Beskidenstraße 8, in einem Haus, an dem ich als Schüler täglich vorbeigekommen war. Wir saßen im Garten, tranken einige der gerade gekauften Flaschen Wein, und Zbigniew erzählte so komisch von seinen hektischen Reisen durch ganz Europa, dass wir lange und laut lachen mussten. Ein großes Vertrauen zu Polen schien er nicht zu haben, und meine zaghaften Versuche, die Möglichkeiten einer »linken« Utopie ins Spiel zu bringen, wollten bei ihm nicht fruchten. Er zog es vor, seiner Heimat fern zu bleiben. Ich weiß natürlich nicht mehr genau, über was wir alles sprachen, weil uns der Chianti – an den ich mich komischerweise erinnere – zunehmend benebelte. Aber neben der Politik und der Sowjetunion, die im Jahr 1968 nochmals zeigte, dass sie nicht gewillt war, den Block des Warschauer Pakts aufzugeben, ging es unter anderem darum, dass ich bezweifelte, ob in diesen Zeiten überhaupt noch jemand Gedichte lesen wollte. Zbigniew war weniger schwarzgallig. Mit seiner wunderbaren Ironie konnte er jeden Anflug von Pessimismus zersetzen. Und trotz der Sorgen, die man ihm förmlich ansah, überspielte er alles mit seiner noblen Generosität. »Hauptsache, Karl übersetzt mich und Sie lesen mich, dann sehen wir weiter«, so ähnlich verabschiedeten wir uns. Es war der Beginn einer langen Freundschaft, die bis zu seinem Tod andauerte.

Als meine Eltern mich fragten, wo ich mich so lange herumgetrieben und woher ich die »Fahne« hätte, antwortete ich wahrheitsgemäß, ich hätte einen polnischen Dichter getroffen, der um die Ecke wohne und ein Genie sei. Nun waren in unserer Wohnung die Dichter gerne gesehene Gäste, die auch stets gastfreundlich bewirtet wurden, allerdings hätten wir uns nie getraut, sie als Genies vorzustellen. Dabei wusste ich über ihn und die polnische Poesie wenig, eigentlich nur das, was ich, meist im *Monat*, von und über Czesław Miłosz gelesen hatte. Wer kannte sich in Polen, Bulgarien, Rumänien oder Russland aus? Wir waren furchtbare Provinzler, mit ganz und gar nach Westen orientiertem Interesse.

An diesem Nachmittag fasste ich den Entschluss, diese unhaltbare Wissenslücke zu stopfen. Gerade in München ergaben sich dazu die besten Gelegenheiten, nicht zuletzt deshalb, weil eines der stärksten Propagandainstrumente des Kalten Krieges in München installiert war: Radio Free Europe. Seine Büros lagen gleich beim Hanser Verlag um die Ecke. Wenn man in eines der Gasthäuser in der Nähe ging, konnte man alle Sprachen des Ostens hören. Die polnische Abteilung wurde von Tadeusz Nowakowski geleitet, einem vielsprachigen, sehr witzigen, rhetorisch brillanten Mann mit den besten Beziehungen, der alle Welt kannte. Nowakowski war gut befreundet mit Horst Bienek, der aus dem oberschlesischen Gleiwitz kam und die Literaturabteilung der Bayerischen Akademie der Schönen Künste leitete. Und da ich Bieneks Bücher im Verlag betreute, lag es nahe, dass ich seine osteuropäischen Besucher kennenlernte. Schließlich war ich im Hanser Verlag untergekommen, der mit Karl Dedecius einen der besten Übersetzer und Herausgeber polnischer Literatur hatte, und mit dem in Paris lebenden Intellektuellen Konstanty Jeleński den besten Berater. Jeleński – verheiratet mit der seinerzeit berühmten Künstlerin Leonor Fini – war wiederum eng mit der in Paris erscheinenden polnischen Kulturzeitschrift *Kultura* verbandelt, in der alle wichtigen Exilanten publizierten, und er war mit dem Essayisten François Bondy befreundet, der in seiner Zeitschrift *Preuves* – dem Gegenstück zum *Monat* – viele Aufsätze von und über die Literatur des Ostblocks publizierte. Mit anderen Worten, ich war im Zentrum meines mitteleuropäischen Interesses angekommen, und obwohl ich keine der slawischen Sprachen sprach, konnte ich sie durch diese großartigen »Lehrmeister« verstehen.

Den schönsten Aufsatz über Zbigniew Herbert hat vielleicht sein jüngerer Freund Adam Zagajewski geschrieben: *Beginn des Erinnerns*. Darin sagt er, dass wir »mindestens zwei Arten von Gedächtnis haben. Eins, das intelligent, gebildet, zur Synthese fähig ist, ja danach verlangt: das zu großen Linien, rationalen Thesen, grellen Farben neigt. Und dann ein simpleres, das Gedächtnis für vorbeiflimmernde Bilder. flüchtige Augenblicke, den Einweg-Fotoapparat, der Erinnerungsatome produziert, die sich nicht nur nicht weiter zerlegen und homogenisieren lassen.« Ich fürchte, mein Gedächtnis funktioniert nach dem zweiten Muster. Wenn ich an Zbigniew denke, sehe ich ihn tatsächlich wie auf Fotografien vor mir, in München in der Pinakothek, in Italien im Museum, den Kopf nach oben gereckt in einen bemalten Himmel, oder, am Tisch sitzend, mit Philippe Jaccottet und Jan Skácel, in Paris in der Brasserie gegenüber dem »Flore« und im Park von Versailles, in Berlin, wie er unten im Garten des Literarischen Colloquiums über den Wannsee schaut, oder bei mir zu Hause am Küchentisch, wie er, den Kopf in die Hand mit der brennenden Zigarette gestützt, mit sonorer Grabesstimme den wahrhaft philosophischen Satz sagt: »Michael, wie schön, dass es Gott gefallen hat, uns ein langes Leben zu schenken.«

Als ich vor einigen Jahren in Warschau in seinem Arbeitszimmer stand – Zbigniew war lange tot, ich war in der Stadt als Mitglied der Jury des Zbigniew Herbert-Preises und besuchte Kathrinchen, Zbigniews Frau –, fielen mir plötzlich so viele Szenen ein, die ich einmal beschreiben wollte, eine Kaskade von Bildern, und als ich in seinen Büchern blätterte, die noch immer in seiner Wohnung aufbewahrt werden, kunstgeschichtlichen und philosophischen Büchern in vielen Sprachen, deren Seitenränder alle von vorne bis hinten in seiner winzigen Spinnenschrift vollgeschrieben waren, erinnerte ich mich an die vielen Postkarten, die er mir aus allen Weltgegenden geschickt hatte, eine ganze Bildergalerie, in einem Taschen-Museum, das, nun, in lauter Teile zerrissen, in irgendwelchen verlassenen Kellern vermodert. Nur wenige haben sich erhalten.

In den zehn Jahren von 1968 bis 1978 sahen wir uns selten, aber regelmäßig, meistens in Berlin. Herbert kam nur gelegentlich nach München, um in der Bayerischen Akademie zu lesen, deren korrespondierendes Mitglied er geworden war. Ich erinnere mich, wie wir mit Horst Bienek an einem Sommerabend am Chinesischen Turm im Englischen Garten saßen, diese entsetzlich großen Biergläser vor uns, die man nur mit zwei Händen stemmen konnte, und Zbigniew zuerst immer kleinlauter und dann immer melancholischer wurde. Als schließlich eine Blaskapelle zu spielen begann und die Gäste alle bierselig mitsangen, brachen wir hastig auf. Bayerische Biergärten waren zu jener Zeit nicht unbedingt seine Welt.

Im Jahr 1979 wurde ihm der Petrarca-Preis verliehen. Man traf sich in Verona. Schon bei der vorherigen Preisverleihung in Siena hatte ich seinen Text über Duccio vorgelesen, der bereits 1965 in *Ein Barbar in einem Garten* erschienen war. Duccios *Fußwaschung* gehörte zu Zbigniews Lieblingsbildern, unvergesslich darin die Beschreibung der Sandalen: »Ein Detail, das in mir immer wieder ein ungemindertes Entzücken erweckt, sind drei schwarze Sandalen: zwei liegen dicht neben dem Wasserschaff, eine höher auf der Stufe, auf der die Apostel sitzen. Sie kontrastieren stark mit dem rosa Grund des Fußbodens, und zu sagen, dass sie ›liegen‹, würde das Wesen der Sache nicht wiedergeben. Sie sind wohl das Allerlebendigste dieser ganzen Szene, ihre Anordnung in einer Diagonale und die nach den Seiten auseinandergebreiteten Riemchen drücken eine rattenhafte Panik aus. Diese Unruhe ist der Kontrapunkt zu der Leblosigkeit des gerafften Vorhangs, der über den Köpfen der Apostel hängt wie ein unheilkündendes Leichentuch.« Wer diesen Text einmal gelesen hat, wird die »rattenhafte Panik« der Sandalen nicht mehr vergessen. Zbigniew war kein Kunsthistoriker im engeren Sinne, aber er konnte genauer sehen als die meisten dieser Zunft. Er war ein Kunstschriftsteller, ein Dichter, der seine ganze Aufmerksamkeit auf die Bilder, die er liebte, konzentrieren konnte.

Im Mai 1979 schrieb er mir: »Ich möchte mich ganz ernst, ganz offiziell und dazu schriftlich für die Verleihung dieses Preises bedanken. – ... Ich möchte Dir und den Mitgliedern der Jury herzlich danken. Alle Pass- und Visaangelegenheiten habe ich in Gang gesetzt. Ich hoffe, die Bürokraten werden dieses Mal gnädig mit mir umgehen. Recht schönen Dank auch für Deinen Brief an den italienischen Konsul, der mich zwar nicht kennt, aber dafür ist ihm Petrarca ein Begriff ... und so soll es auch bleiben. – Lieber Michael, ich umarme Dich. – Ein freundlicher Gruß von Deinem Zbigniew.«

Auf geradezu unheimliche Weise wurde unsere Wahl wenige Monate später auf bittere Weise bestätigt, als nämlich der Streik auf der Danziger Werft losbrach. Solidarność brachte das Eis des Ostblocks zum Schmelzen. Wenn man heute durch das Solidarność-Museum in Danzig/Gdansk geht, sieht man ein schönes Foto, das Zbigniew Herbert mit den streikenden Aufständischen zeigt.

Die drei Tage mit Zbigniew und Kathrinchen, mit Siegfried Unseld und Peter Rühmkorf und vielen anderen waren wunderbar. Die Verleihung fand in einem Palazzo statt, es wurde viel vorgelesen und angeschaut. Aber am schönsten war die Präsenz Zbigniews, als er aus seinem Gedichtband *Herr Cogito* vortrug. Mit diesem Herrn hatte er sich ein Alter Ego geschaffen, eine bewegliche Figur, der er nicht nur seine Ansichten von der Welt, sondern auch seine Nachtgedanken anvertrauen konnte. Zbigniew hatte ein poetisches Spiel erfunden. *Herr Cogito denkt an die Rückkehr in seine Heimatstadt* oder *Herrn Cogitos Vermächtnis* sind solche Meisterwerke, in denen er alles zur Sprache bringen konnte, was üblicherweise in dieser Konkretheit nicht ins Gedicht passen würde. »hüte dich vor der dürre des herzens« heißt es darin – war das zu sich selber gesprochen? Sollte er immer Herrn Cogito vorschieben oder musste er einmal dessen Maske vom Gesicht nehmen?

In meiner Laudatio in Verona hatte ich gesagt: »An Ideen, an denkerischer Intelligenz, an produktiver Nachdenklichkeit, die ja auch zum poetischen Akt gehören, um am Ende in einem Gedicht aufzugehen und oft nur noch einem zufälligen Blick aus einer zufälligen Perspektive sich zeigen und sich öffnen, daran herrscht großer Mangel. Vielleicht hängt es damit zusammen, dass das einst gute Verhältnis von Denken und Dichten empfindlich gestört ist, dass einem, der denkt, gesagt wird, er solle das Dichten lieber bleiben lassen und umgekehrt. Eine anmaßende, arrogante Rede, die nichts weiß von der initialen Entstehung einer Idee und eines Gedichts. – In diesen dichterischen Raum der Abwesenheit des Denkens tritt nun eine poetische Figur, die sich mit Herr Cogito vorstellt: ein mittelgroßer Herr mit guten Manieren, überaus gebildet und anregend, mit Marotten und Spleens, der sein Wissen nicht als sein Eigentum betrachtet, sondern freundlich Auskunft gibt über den Zustand der Welt, wie er ihn versteht. Er ist verdammt, zu denken, und bildet damit den radikalen Gegentypus zum romantischen Typ des Dichters. ... Herr Cogito ist gezeichnet von der Erfahrung unseres Jahrhunderts, dass im Denken die letzte Möglichkeit des Überlebens liege ... Ich bin nicht sicher, ob er besonders glücklich ist mit dieser Erfahrung, die er täglich von Neuem machen muss und die ihn konstituiert, weil er ebenfalls täglich der Schwester dieser Erfahrung, der Niederlage des Denkens, begegnet, die mitverantwortlich ist für die Verwüstung der Welt und des Menschen. Was macht Herrn Cogito so anziehend? Warum hört man seine leise Stimme sofort, wenn er spricht? Warum sieht man ihn gleich, selbst an bevölkerten Orten und in verschiedenen Verkleidungen, sei es als Landstreicher, Reisender, als Lehrer oder als stiller Zuhörer? Warum ist er, der auf die selbstverständlichste Weise den Satz des Novalis illustriert, jeder Mensch sei eine kleine Familie, nicht ein Zerrissener, von dem wir jeweils nur Fragmente, Fetzen einer Totalität wahrnehmen? Wenn wir seine Meinungen hören und von seinen Taten lesen, haben wir nie das Gefühl, durch Selbstüberschätzung, Larmoyanz, falsches Mitleid oder Besserwisserei betrogen zu werden. Herr Cogito hat auf verblüffende Weise sich selbst akzeptiert mit allen Verletzungen und Wunden, die ihm das Jahrhundert beigebracht hat. Seine tiefe, bohrende Sehnsucht, die verschiedenen Erscheinungsformen seiner Existenz durchdenkend zu begreifen, hat zu einer Einfachheit geführt, deren hervorstechendstes Merkmal die Redlichkeit in der Aussage auch noch dort ist, wo das Unvermeidbare zur Sprache kommt.«

Zbigniew Herbert hielt eine sehr kluge, witzige Dankesrede, die folgendermaßen begann: »Es gibt zwei extreme Möglichkeiten, eine Rede zu halten: eine effektvolle, heute sehr bewährte, die den Stifter und die Juroren beleidigt. Diese reizt mich nicht. Ich stamme aus einem Land, wo Mut sich nicht in Extravaganzen manifestiert. ... Wenn ich schon einige Verdienste habe, dann nicht wegen meiner Leistungen, sondern wegen meiner Bestrebung – meinem Versuch –, einen Dialog mit der Vergangenheit zu führen. Und dazu braucht man Tugend – Demut. Sie stellt heute den Versuch dar, eine größere Ordnung zu bilden, sich selbst mit alten Schriftstellern vergangener Zeiten zu messen. Ein wahrhaft schmerzlicher Prozess.« Hier in Verona, so Herbert weiter, fand Petrarca die privaten Schriften des von ihm so bewunderten Cicero, die er »zuerst mit Bewunderung, dann mit gemischten Gefühlen, zuletzt mit arger Enttäuschung« las. Warum, fragen die Forscher. »Ich glaube, die Antwort ist einfach: Ciceros Briefe waren ein Spiegel, in welchem Petrarca sich selbst erkannte – seine politischen Utopien und peinlichen Querelen, seine Verwirrung und auch seine ständige Suche nach Ruhe. / Bevor Petrarca, dieser unermüdliche Wanderer, sich auf seine letzte Reise begab, korrigierte, verbesserte und vernichtete er seine Manuskripte und Briefe. Die Moral dieser Geschichte ist auch für uns gültig: man soll die Spuren verwischen. Exhibitionismus ist keine geistige Haltung.«

Nach der Verleihung gab es ein großes Fest in dem berühmten Restaurant »Dodici Apostoli« in Verona mit vielen Abschiedsreden, und am nächsten Tag fragte uns der Stifter des Preises, Hubert Burda, ob wir noch weitere fünf Jahre unsere poetische Pilgerreise im Namen Petrarcas fortsetzen wollten. Da unser Freund Nicolas Born todkrank war und Urs Widmer nicht verlängern wollte, fragten wir Zbigniew Herbert und Lars Gustafsson, ob sie fünf Jahre als Juroren mitarbeiten wollten. Sie wollten. Zbigniew und seine Frau brachen zu einer Reise durch Italien auf, ich schickte ihnen von München nach, was sie in Verona vergessen hatten.

Bald kam ein Brief von Zbigniew, geschrieben am 24. August von Berlin aus:

»Lieber Michael,

Du bist ein Engel, aber ich muss noch leben und das ist Qual. Ich schreibe Dir fast sofort nach meiner Ankunft in Deutschland (die Reise, die ich mit Katrin gemacht habe, war wunderschön – ohne Baden, ohne Erholung bis zur letzten Erschöpfung)

Ich danke Dir herzlich für meinen Mantel, den Du liebenswürdigerweise geschickt hast, und neben Mantel war ein weiblicher Anzug – ich habe furchtbaren Schreck bekommen – umsonst. Weißt Du, ich sündige nicht (fast). Aber dieser Urschrecken verfolgt mich.

Das war schön mit Dir in Verona zu sein, obwohl wir keine Gelegenheit hatten viel miteinander zu sprechen. Du hast alles und ich weiß was das kostet – deine Zeit, deine Mühe etwas so schön zu organisieren. Dir und allen Mitgenossen und auch Hubert bin ich sehr dankbar. Das war einfach schön, und wenn etwas gut ist, muss man sagen es ist gut. Mein bodenloser Pessimismus empfiehlt mir das auch.

Deine Gesundheit macht mir Sorgen. Ich habe drei Jahre lang schwere Krankheiten durchgemacht. Nur um meine Freunde zu schützen, weil einer muss sich für andere opfern. Also, bleib gesund, und wenn ich Dir irgendwo helfen kann, bin ich bereit. Ich bin eine Hexe.

Meine Rede werde ich Dir sofort schicken. Sie war nicht so klug wie Deine Lobrede. Aber das ist meine.

Neue Jurysitzung (vom 10. bis 16.10.) passt mir nicht sehr. Weil ich in dieser Zeit in Ungarn bin. Aber wenn man sie verschieben kann, wäre ich Dir sehr dankbar.

Dein Vorschlag für Octavio Paz möchte ich unterstützen, ohne dass ich versuche bei Dir eine bessere Note zu haben.

Francis Ponge war mein Lehrer, nicht in Poesie aber in franz. Sprache, also habe ich vor ihm eine göttliche Furcht. Ich habe noch zwei andere Vorschläge, nämlich großen ungarischen Dichter Sándor Weöres und Italiener Andrea Zanzotto, weil schließlich war Petrarch auch ein Italiener ohne jede nationale Argumente.

Du weißt, dass ich will nicht nur formal aber persönlich in Jury teilnehmen, um es ganz ernst zu sagen, ich möchte stoppen eine futuristische Idee von meinem skandinavischen Freund Lars, zu diesem Preis auch Wissenschaftler (Molekülforscher, Urschreiforscher, Schimpansenforscher etc.) vorzuschlagen. Leider Gottes ist zwischen uns eine große Kluft, aber ich lasse mich überzeugen, dass wir können zusammen gehen und etwas zusammen leisten. Also, Michael, ich grüße Dich von Herzen und danke für alles. Meine schönen Grüße gehen auch an Nicolas, Bazon, Peter, Urs, Hubertus und den lieben Fritz Arnold –
Dein Zbigniew

P. S. Wenn ich schon genügend reich wäre, würde ich Dich vom Hanser Verlag loskaufen. Umarmung, Z.«

Nun, als Dichter ist er zu Lebzeiten nie so reich geworden, dass er mich hätte loskaufen können, und einige Jahre später wollte er sogar von Suhrkamp zu Hanser wechseln (was ihm gottlob nicht gelungen ist: dazu später mehr).

Er wohnte im Sommer 1980 wieder mit Katharina in Berlin bei Barbara Stieß, schrieb, reiste, erhielt Preise, wurde immer berühmter und begehrter. Allerdings wollte sein Körper diese Plackerei nicht mitmachen. Zbigniews Kurzatmigkeit wurde immer auffälliger, und da er seine Raucherei nicht zügeln konnte, musste er schwer leiden (einige Jahre später, kurz vor seinem Tod, musste ein Luftröhrenschnitt gemacht werden, damit er nicht erstickte). Ich erinnere mich an einen Nachmittag in jenen Jahren, als wir zusammen die Pinakothek in München besuchten. Aus unerfindlichen Gründen wollte er in der Pinakothek unbedingt die lange Treppe zu den Alten Meistern hinaufsteigen, eine Anstrengung, die ich ihm nicht zugemutet hätte. Wahrscheinlich wollte er testen, wie viel Luft ihm geblieben war. Es war natürlich demütigend (und gewiss auch komisch), wie ununterbrochen dünngliedrige japanische Studentinnen und andere Besucher an uns vorbei nach oben sprangen, während wir, am Geländerlauf entlang und untergehakt, Stufe um Stufe erklimmen mussten. Nach zehn Stufen machte Zbigniew den klugen Vorschlag, doch wieder nach unten zu gehen, um vor der Tür zunächst einmal eine Zigarette zu rauchen. Das wiederholte sich noch zweimal, und beim vierten Versuch, über die Treppe zu den geliebten Bildern zu kommen, empfahl ich, weil ja auch das Ende der Besuchszeit nahe gerückt war, doch den Aufzug zu nehmen, was Zbigniew – wenn auch widerstrebend – akzeptierte. Aber er war ziemlich am Ende. In einem undatierten Brief aus dieser Zeit schrieb er mir: »Ich fühle mich wie ein Stück Gefrierfleisch, das plötzlich landet auf einer Bratpfanne. Reisen, Konferenzen, Kommissionen, Beratungen, Lesungen usw.«

Im Juli 1980 trafen wir uns wieder bei Barbara Stieß in Berlin, Buchhändlerin in der berühmten Wolff's Bücherei in Friedenau. Bei Barbara fühlte er sich zu Hause, dort konnte er in Ruhe seiner Arbeit nachgehen und die Briefe, die nach Warschau geschickt wurden, unbeantwortet lassen. In dieser Zeit überraschte er mich mit der Mitteilung, dass von nun an nicht mehr seine angestammten Übersetzer – Dedecius für die Poesie und Klaus Staemmler für die Prosa – für seine Werke in deutscher Sprache zuständig sein sollten, sondern der in Wien lebende Übersetzer und Schriftsteller Oskar Jan Tauschinski. Der Grund blieb ein Rätsel, weder Suhrkamp noch Dedecius konnten Auskunft geben.

An den Sitzungen für den Petrarca-Preis des folgenden Jahres nahm Zbigniew wieder teil, wenn es auch großer Überredungskünste bedurfte, ihn zum Reisen zu bewegen. Die Situation in Polen machte ihm Kopfschmerzen, auch die eigene Stellung im Lande. Nach Amerika, wo man ihm immer wieder eine Professur angeboten hatte, wollte dieser Mitteleuropäer nicht, ein kurzer Aufenthalt in Kalifornien hatte ihm das bewusst gemacht. Aber wie lange konnte man ein Leben als polnischer Dichter im Exil leben?

Ilse Aichinger war die Preisträgerin für das Jahr 1982, die Verleihung sollte im Engadin stattfinden. Zbigniew schrieb am 1. Juni 1982: »Leider (für mich) werde ich nur geistig dabeisein! Aber wie! Die Wahl von Ilse teile ich enthusiastisch mit; bitte meine herzliche Gratulation an die Preisträgerin festlich überreichen!«

An der Verleihung des Preises an Gerhard Meier in Vézelay im Burgund 1983 nahm er wieder teil, und manchmal dachte ich, den alten Zbigniew vor mir zu haben. Am 26. Juli 1983 schrieb er aus Mailand: »Es war ganz schön, Dich wieder vor Augen zu haben. Und auch Bella Bionda, die ich grüße von Herzen. / Bazon hat mir diesmal gut gefallen; seine Führung war hervorragend. Also ich nehme ihn wieder zu meiner geistigen Familie. / Unsere italienische Reise war schön, hoffentlich fruchtbar. Ich glaube dass ich habe gut gearbeitet, aber mein Kopf ist wie ein Topf auf dem Feuer. / Mein lieber Michael bleib gesund. Große brüderliche Umarmung von Deinem alten Freund Zbigniew.«

Ob die Post richtig funktionierte? Vom 3. August 1983 gibt es einen Brief von mir, in dem es heißt: »Wir hören so gar nichts mehr von Dir und machen uns Sorgen!!! Bitte schreib doch wenigstens eine Zeile, wie es Dir geht! Heute las ich in Miłosz' Übersetzung ein Gedicht von Dir in amerikanischer Übersetzung in der *New York Review of Books,* wo in den Anmerkungen stand, Du würdest zur Zeit in Berlin leben. Schön wäre es, denn dann könnten wir uns wenigstens sehen. ...«

Am 22. Juli 1984 schrieb er mir in seiner winzigen Schrift, die kaum zu lesen und fast am Verschwinden war:

»Mein lieber Michael,
ich grüße Dich sehr sehr herzlich und bitte um Verständnis, dass ich so schlechter Schreiber bin. Aber mindestens denke ich oft an Dich immer mit treuer Verbundenheit und Freundschaft. ... Du hast liebenswürdigerweise nach meinen neuen Gedichten gefragt; also wenn Du die Absicht hast etwas in deiner Zeitschrift zu veröffentlichen – bitte schreibe an Herrn OSKAR JAN TAUSCHINSKI – FAVORITENSTRASSE 27–44 A-1040 WIEN. Er hat meinen letzten Gedichtband übersetzt, der soll im Frühjahr 1985 bei Suhrkamp (nach langen Querelles mit Dedecius) erscheinen. / Wenn das klappt, der Übersetzer (sehr netter und kultivierter Herr) soll 50 % bekommen. / Vielleicht wird Dir es gelingen, etwas bei meinen schwarzen Kollegen im Bayerischen Rundfunk zu verkaufen. Aber mach Dir keine Sorgen. Meine finanziellen Sachen hat Barbara Stieß übernommen. Über Geld soll man keinesfalls schreiben zu mir. Wir Kommunisten, wir sind Asketen. / Es war bei mir ziemlich heiss, jetzt etwas besser, ruhiger. Keine

Sorge ... [unleserlich, MK] / Habe gestern Gespräch mit amerikanischem Journalisten, der fragt mich, wer ich bin politisch gesehen. So habe ich gesagt: liberaler Anarchist (was stimmt), und der Trottel hat geschrieben: liberaler Faschist. O Gott! / Ich schreibe in großer Eile ... [unleserlich, MK] / Große Umarmung/Küsse von Katharina / Bleib mir gesund und fröhlich / Wahrheit und Gerechtigkeit wird niemals siegen / aber Kampf ist schön / Dein alter treuer Freund Zbigniew.«

Und ebenfalls um diese Zeit: »Noch einmal ist der Sprung durch die Mauer gelungen. Ich wundere mich. Kaum zu glauben.« Und wieder schreibt er, ich solle mich mit Tauschinski in Verbindung setzen, weil er neue Gedichte für die *Akzente* habe. Am 27. August schrieb ich zurück: »Dank für Dein Lebenszeichen. Ich werde O. J. T schreiben, damit Dein Geburtstag gefeiert wird, wie es sich gehört. Aber wann sehe ich Dich in Fleisch und Blut – als Mensch, Person, Dichter, Staatsbürger, Erklärer holländischer Stillleben, lib. An., Pole und Freund?«

Man muss diesen ironisch-verzweifelten Ton immer vor dem Hintergrund der politischen Entwicklung in Polen sehen. 1981 wurde das Kriegsrecht verhängt und die Solidarność-Bewegung mehr oder weniger verboten, und einige der führenden Mitglieder wurden ins Gefängnis gesteckt, 1982 wurde sie endgültig verboten. Großes Aufsehen erregte der Mord an dem katholischen Priester Jerzy

Popiełuszko im Jahr 1984 durch den polnischen Geheimdienst. Um diese Zeit herum hatte das Ehepaar Herbert beschlossen, wieder nach Paris zu ziehen.

Von dort schrieb Zbigniew mir am 13. März 1986. Einige Briefe aus der Zwischenzeit, auf die er sich bezieht, sind verlorengegangen. Ich hatte ihm mitgeteilt, dass ich in der von Karl Dedecius begründeten und herausgegebenen »Polnischen Bibliothek« eine Anthologie aus seinen Werken zusammenstellen sollte. Dedecius hatte das Institut 1980 mit einem prominenten Beirat in Darmstadt gegründet und 1982 die auf 50 Bände geplante polnische Bibliothek ins Leben gerufen.

Paris 13 III 1986
»Mein lieber guter Michael,
ich danke Dir herzlich für Deine so prompte Antwort. Dein Brief hat auf mich gewirkt wie ein Schluck von Vodka im kalten Winter und eine freundliche Hand auf der Schulter. /

Wenn Du eine Auswahl von meinen Gedichten in der polnischen Bibliothek machst, so bin ich nicht nur einverstanden, aber ganz ganz glücklich. Ich werde sofort Unseld benachrichtigen. Einen großen Stein hast Du – mein Lieber – abgenommen.

Unsere Anfänge hier waren ziemlich schwer. Von einer großen Gefahr und Schwierigkeiten noch anderen ungewissen zu reisen war nicht sehr klug. Aber es gibt keine glückliche Insel – das wissen wir beide wohl. / Dazu war ich erkrankt (jetzt schon gut) und tapferes Katarinchen hat mutig viele Umzüge gemacht, Klamotten gekauft, und das alles für kurze Zeit (ein halbes Jahr, wie ich schätze).

Ich danke Dir herzlich für Deine freundliche Bereitschaft, aber die größten Schwierigkeiten haben wir hinter uns und dazu eine Perspektive (kleines Stipendium, das ermöglicht die Wohnung zu zahlen). Aber man kann, wie Du weißt, Gelder leicht verdienen, wenn man über Politik schreibt (Misere in Polen, Mangel an Freiheit etc das alles stimmt, aber das sind doch Plattitüden). Ich bin sicher gegen Generäle, aber hier tapfer zu sein ist für mich zu leicht. Also abgehakt ... [unleserlich, MK]. / So mein Lieber. Heute ist sonnig und ein bisschen heiter. Morgen werde ich eine (erste!) Runde durch Paris machen und vielleicht die alten Holländer besuchen, weil Mauritius Haus vom Haag ist gerade hier. Gar nicht schlecht. / Ich habe kein Telephon, aber ich hoffe bald eines zu haben und werde Dir es sofort sagen. Katharina – die Ärmste – (warum hat sie sich nicht mit einem reichen Dirigenten verheiratet) ist eben wegen Telefon gelaufen, und vorher hat sie gesagt, meine schönsten Grüße für Michael. / Große Umarmung mein lieber Freund Dein Zbigniew.«

In der »Polnischen Bibliothek« waren Bände von Zbigniews Zeitgenossen erschienen – von Czesław Miłosz, Tadeusz Różewicz und Wisława Szymborska –, es war also an der Zeit, dass auch ein repräsentativer Band von Lyrik und Prosa von Zbigniew Herbert aufgenommen wurde. Er erschien mit einem schönen Nachwort von Jan Blonski, da ich als Nicht-Polonist mich weigerte, ein umfassendes Porträt des Autors zu schreiben. Ich hatte das Werk, soweit es mir zugänglich war, in zehn Kapitel aufgeteilt, von der Kindheit über die Ars Poetica und die Mythologie, das Lächeln eines Engels in Stein und das Lachkabinett, die holländischen Skizzen bis zu den Berichten aus einer belagerten Stadt.

Im kurzen Geleitwort zu meiner Auswahl habe ich Zbigniew zu einem der letzten großen europäischen Dichter ausgerufen: »Beim Lesen der Werke dieses freundlichen Herrn aus Lemberg, zeitlebens unter heftigen polnischen Kopfschmerzen leidend, hat man stets das Gefühl, sich im Zentrum eines unerhört starken Magnetfelds zu befinden. Mühelos angesaugt und geordnet wird eine unerschöpfliche Menge an Material, die einen weniger subtilen Geist leicht zum kauzigen Historiendichter hätte werden lassen. Bei Zbigniew Herbert dagegen entsteht Ordnung, eine kleine Insel inmitten des geschichtlichen Chaos, die plötzlich auftaucht. ... Seine nie versiegende Sehnsucht und seine historisch entwickelte Sehnsucht haben verhindert, dass er zum Zyniker wurde, der dem Untergang kunstvoll die Stimme leiht. Nein, dieser letzte Europäer, der wie kein anderer die Verluste kennt und auf das empfindlichste zur Sprache bringt, ist trotz aller Erfahrung zu menschenfreundlich, um zum Verächter zu taugen. ...

[Seine Gedichte] sind verlässliche, klare Gegenstände, in denen Wissen und Gefühl, Geschichte und Gegenwart, ›Lebenszeit und Weltzeit‹, Mut und Verzweiflung souverän vereint sind und eine Wärme erzeugen, die nur und ausschließlich von großer Poesie abgestrahlt wird. Und wenn ich sie lese, höre ich sofort die leise höfliche Stimme ihres Erfinders und sehe sein verschmitzt-besorgtes Gesicht und weiß, dass er in der Nähe ist. Seine unbestechliche Nähe tut gut!«

Gott sei Dank war er mit meiner Zusammenstellung seiner Gedichte und Texte einverstanden.

Am 23. September schrieb er mir: »Deine Auswahl hat mir *sehr* gut gefallen. Es ist klar und nicht schematisch und vor allem sehr sensibel. Von Herzen danke ich – mein lieber Dichter.«

Wenige Tage später, am 26.September, kam ein Brief aus Berlin: »Schöne Grüße aus Berlin. Bin da, aber ganz geheim, weil ich will arbeiten. DAAD übernimmt für mich Post, Telephon habe ich nicht. / Weil Horst Bienek hat mich eingeladen für Lesung in der Akademie (weiß nicht, ob das noch aktuell ist), möchte ich Dir sagen dass am besten für mich wäre ein Termin zwischen 10 und 15 Januar 1987. Ich muss von Berlin nach Paris, spätestens am 19 Januar abfahren (wegen Visum). Ich wäre Dir sehr dankbar, wenn Du (oder Horstlein) schreibst. Ich will eine große Studienreise durch Deutschland machen – darum muss ich einen Plan einreichen. / Meine große Bitte: Hast Du zufällig meine Prosa Atlas. Ich soll etwas für Rundfunk lesen – und wie Du weißt, Gedichte langweilen sehr das Publikum. Danke Dir. Warum muss ich meinen lieben Freund immer um etwas bitten. / Wie geht's Dir? / Ich bin fast gesund und vernünftig verzweifelt. / Große Umarmung von Deinem Zbigniew.«

Die Herberts blieben die nächsten Jahre in Paris in der Passage Hébrard 17/19. Auch wenn jüngere Freunde wie Adam Zagajewski ihn dort besuchten, waren es harte Zeiten. Die Vorstellung, ein einigermaßen bürgerliches Leben führen zu können, waren dort kaum zu verwirklichen. Es gab kein Kollektiv, auf das er sich verlassen konnte, selbst die Bereitschaft zu Kompromissen nahm ab. Wir telefonierten gelegentlich. Das Ausmaß an Traurigkeit war überwältigend. In unseren Gesprächen durchbrach sie Zbigniew mit seinem Humor immer wieder. Abwechslung boten Reisen. Eine Postkarte aus den Landes hat sich erhalten, mit einem Stelzengeher vorne drauf: »Ich denke an Dich mein lieber Michael im Wasser, im Gebirge (habe Pyrenäen-Wanderung gemacht) und in der Luft.«

Im Februar 1989 schrieb ich ihm mit Sorge und lud ihn wieder ein, am Dichtertreffen teilzunehmen: »Ich denke in letzter Zeit andauernd an Dich, was du wohl machst, wie Du durch die Straßen gehst und ob Du schreibst. Hier sind die Zeitungen voll von polnischen Problemen. Der Premierminister war da, alle waren freundlich, kaum ist er weg, beginnt wieder der alte Streit: soll der Bundespräsident nach Polen fahren, soll er nicht. Und dann die Verhandlungen mit Solidarność. Es vergeht kein Tag, an dem man nicht direkt oder indirekt mit diesem Problem beschäftigt ist. ... Wenn Du reisen kannst, dann musst Du am 8. Juni unbedingt zum Petrarca-Fest nach Lucca kommen. Bitte mach das irgendwie möglich, zusammen mit Kathrinchen.«

Seine Frau antwortete am 14. März 1989; Zbigniew lag im Krankenhaus: »Lieber Michael,

Je t'ecrie, de la part de Zbigniew, en français, car mon Allemand est beaucoup trop faible.

Zbigniew regrette de ne pas te repondre personnellement, mais il se trouve encore entre l'hopital et l'appartement.« Sie kamen gottlob im Juni 1989 nach Lucca, zu einem Dichterfest, wie ich selber es schöner und ergreifender nie erlebt habe. Preisträger war Jan Skácel aus Brno/Brünn in Mähren, der unbeugsame Kämpfer für die Freiheit in der Tschechoslowakei, der dafür mit Schreibverbot und Gefängnis bedroht worden war. Und ihm zu Ehren kamen neben den Herberts auch die Jaccottets und die Tranströmers, Hermann Lenz und Mario Luzi und viele deutsche Dichter. Es war der letzte öffentliche Auftritt von Jan Skácel. Er starb im November 1989.

Die Herberts blieben in Paris. Am 8. Januar 1990 – inzwischen war die Mauer gefallen und eine neue Ära der Weltgeschichte hatte begonnen – schreibt mir Katharina: »Wir wünschen Dir Glück und Sonne und Liebe und noch vieles andere, weil wir Dich lieben. Und Du sollst Gedichte schreiben! Zbigniew schreibt Dir bald, aber im Moment geht es ihm nicht so gut. Wir erwarten Besserung. Es wird kommen.«

Wie würde er mit der neuen Zeit zurechtkommen? Würde er zwischen Zustimmung und Ablehnung einen Ort finden, an dem er sich heimisch fühlen konnte? Musste er nach Hause gehen oder sollte er in der Fremde bleiben? Wie würde seien innere Stimme entscheiden?

Zbigniew schrieb erst im Juni wieder, aus Warschau. Ich hatte ihm meinen Gedichtband *Hinter der Grenze* geschickt, den er über den grünen Klee lobte, was mich natürlich gefreut, aber auch stutzig gemacht hat. Tatsächlich bat er mich, *Sakrilege*, eine Novelle seines Übersetzers Oskar Jan Tauschinski, in den Verlag zu nehmen. Ich musste ablehnen.

Später gab es endlose, zum Teil wirre Telefonate, in denen Zbigniew alle Verleger und Übersetzer der Welt, auch Siegfried Unseld, zum Teufel wünschte. Im Winter war ich in Paris und fand einen überdrehten Zbigniew vor, der mit aller Überredungskunst darauf pochte, sein neues Buch bei Hanser zu machen. Am 7. Dezember schrieb ich ihm: »Ich war einerseits froh, Dich in so guter Laune und Verfassung zu sehen, aber andererseits habe ich gespürt, dass Du größere Probleme hast.« Ich rief Unseld, Dedecius und andere

Freunde an, aber keiner wusste etwas oder wollte mit der Sprache heraus.

1991 war Zbigniew mehrere Male in München und wohnte teils in der städtischen »Villa Waldberta« am Starnberger See, teils bei Christa Maar und manchmal auch bei mir. Er kam in dieser Zeit oft zu mir in den Verlag, weil ich ihm helfen sollte, seine internationalen Verträge zu ordnen, ein groteskes Unterfangen und gleichzeitig eine traurige Komödie. Zbigniew glaubte tatsächlich, dass alle Verlage – natürlich mit Ausnahme von Hanser, wo noch kein Buch von ihm erschienen war – ihn betrogen hatten oder ihn betrügen wollten, und alle meine Anstrengungen, ihm diesen bedrohlich werdenden Wahn auszureden, waren ohne Ergebnis. Es kam erschwerend hinzu, dass er keinerlei Unterlagen dabeihatte und seine Gesprächspartner oft gar nicht wussten, was er wollte und wie sie ihm helfen konnten. So seltsam es klingen mag, aber Zbigniews Wahn hatte eine sehr konkrete Basis: Es ging nun darum, seinen Stand in einer neuen Weltordnung zu festigen, damit aus den Hoffnungen nicht eine einzige große Enttäuschung erwachsen würde, aber er produzierte in der Sorge um seine Gedichte eine heillose Unordnung.

Es gab einen Verleger in Nordamerika, in Mexiko und einen in Brasilien, mehrere in Italien, Frankreich und Spanien und Gott weiß wo, und überall gab es freundliche Mitarbeiterinnen an der Rezeption, die mit Zbigniews Höflichkeiten überschüttet wurden: Helfen konnte ihm keiner, auch ich nicht, der den sprunghaften Anstieg der Telefonkosten mit unserem Engagement für Mitteleuropa zu erklären versuchte. Meine Hilfe lehnte er mit seiner unüberbietbaren Höflichkeit ab. Diese wunderbare Höflichkeit! Ich erinnere mich, dass ich ihn einmal fragte, was er gerne ins 21. hinüberretten würde. Nach kurzem Zögern antwortete er: Die Höflichkeit!

Am 25. Juli 1991 kam eine Mitteilung von ihm aus Paris, die ich nur teilweise entziffern konnte. Seine mir so liebe Schrift war entgleist, offenbar war er in ärztlicher Behandlung. Dass er in Israel gewesen war, wissen wir durch das schöne, enigmatische Gedicht *An Yehuda Amichaj*, das in *Rovigo* in der Übersetzung von Klaus Staemmler abgedruckt ist und in dem er den israelischen Dichter, der wie er 1924 geboren war, um Verstehen bittet: »Du aber bist der König und betrachtest mich / mit freundlicher Sorge – wie lange ich so umherirren kann / in der Welt / – Lange Yehuda. Bis zum Ende. // – Um nichts bitte ich Dich nur um Verstehen.« Mir schrieb er aus dem Hospital St. Louis: »Sei nicht böse. Seit März war ich auf Reisen (letztlich Jerusalem), bin schon krank. (nehme starke Mittel?) / Trotzdem Arbeit geht weiter. In wenigen Tagen kommt meine neue Übersetzerin nach Paris und im Bett werde ich diktieren meine Texte, die alle jetzt schon fertig (sind). / ... / Bitte um Geduld und du wirst schon auf ERDE belohnt!« In der wie immer herzlichen Verabschiedung schreibt er: »Zbigniew mit Morphium«.

Wir hatten keine Ahnung, wie schlecht es ihm ging, aber wir wussten von anderen Freunden, die ihn in Paris gesehen hatten, dass er in einer furchtbaren Verfassung war. Am 9. August schrieb ich ihm: »Du musst mir sagen, wenn wir irgendetwas für Dich tun können, auch was Ärzte betrifft. ... Du könntest eine Reise nach München mit einer Lesung in der Akademie verbinden, ich würde Dir dabei helfen, dann würden wir Dich einmal durchmustern lassen, und danach würdest Du wie ein junger Gott den Stein den Berg wieder hochschieben.« Es folgten lange Telefongespräche, in denen er den Plan entwickelte, ganz nach München zu ziehen. War das ernst gemeint oder war es nur eine der Grillen, die durch seinen verzweifelten Kopf geisterten? Da ich um diese Zeit des Jahres zur Buchmesse in Frankfurt war, bat ich meine Mitarbeiterin Monika Hillen, sich um Zbigniew zu kümmern. Sie war begeistert! Ich hatte ihm sogar angeboten, während meiner Abwesenheit in meiner Wohnung zu arbeiten, ein Zimmer im Hotel Carlton in Schwabing war reserviert. Es lag mehr oder weniger neben der Literaturhandlung von Rachel Salamander, die eingeweiht war und ihm helfen wollte, wenn er Hilfe benötigte. Außerdem war der Bruder von Rachel, Benno, ein erstklassiger Internist, der im schlimmsten Falle eines Falles mit seinem medizinischen Rat einspringen konnte.

Und dann war Zbigniew plötzlich verschwunden. Keiner wusste, wo er sich aufhielt und wie es ihm ging, bis ich am 16. Dezember plötzlich ein Fax meines Freundes

Martin Mooij aus Rotterdam erhielt, des Leiters von Poetry International: Zbig sei als Gast der Stiftung für deutsch-holländische Zusammenarbeit in Amsterdam gelandet und man könne ihn dort oder im Verlag De Bezige Bij (Die fleißige Biene) erreichen. »Ich habe den Eindruck«, schrieb Martin, »dass es ihm relativ gut geht. Glücklich!«

Und Zbigniew schrieb: »Bitte sende mir die Übersetzung meines Buches nach Akademie der Künste (in Berlin) und einen Vertrag. Ohne das fahre ich mit leeren Händen nach Polen. Die Übersetzung muss ich überprüfen. Ich habe dieses Buch vor zehn Jahren geschrieben, also muss ich das alles überprüfen. / Ich habe mich nicht von Dir und Hubert verabschieden können, denn ich habe in der letzten Woche in München in verschiedenen Hotels gewohnt, weil Wald Berta regiert und ich nicht zu meiner Arbeit kam. Bitte schick mir das Manuskript bis 26. Dezember, sonst geht alles schief.«

Da Zbigniew Herbert darauf bestand, mit Hanser und mir einen Vertrag zu schließen, musste ich in langen, qualvollen Telefongesprächen mit Siegfried Unseld und Karl Dedecius zu klären versuchen, was passiert war. Sein ehemaliger Übersetzer schien sehr beleidigt zu sein, weil man seine Arbeit nicht richtig zu schätzen wusste, und offenbar hatte ihn Zbigniew so lautstark zusammengestaucht, dass er auch nicht bereit war, einen neuerlichen Schritt zur Versöhnung anzubieten. Siegfried Unseld wollte den Autor auf keinen Fall ziehen lassen, riet mir aber, den Vertrag zu unterzeichnen, dann würde auf jeden Fall einmal Ruhe einkehren. Es ging schließlich auch darum, dass Suhrkamp die Hauptwerke in verschiedenen Ausgaben lieferbar hatte und überdies anbot, in Zukunft auch die Auslandsrechte für Zbigniew zu verwalten, und da wir alle davon ausgingen, dass dieser Pole und Mitteleuropäer demnächst den Nobelpreis erhalten müsste, sollte dies tunlichst in diesem Chaos schnell geklärt sein. Zbigniew selber hatte durch seinen Schub alle und alles so verwirrt, dass man ihm nur wünschen konnte, dass sich ein Büro mit Auslandserfahrung um seine Angelegenheiten kümmern würde.

Im Februar 1992 erhielt ich aus Warschau einen mit Schreibmaschine geschriebenen Brief, den ganz eindeutig ein deutscher Muttersprachler korrigiert hatte. Die mir so lieben »Fehler« in seinen Briefen waren alle in korrektes Deutsch gebracht worden, was dem Schreiben etwas Bürokratisches verlieh. Andererseits war ich froh, dass er sich offenbar jemandem anvertraut hatte und lesen konnte: »ich schreibe Dir erst jetzt, da ich lange und schwer krank war. Schritt für Schritt komme ich wieder zu Kräften und es ist mir endlich möglich, mich bei Dir zu melden. Wie immer hoffe ich auf Dein Einfühlungsvermögen und Deine Freundschaft, auf die ich mich stets verlassen konnte ... Ich lebe in einem riesigen Durcheinander von unerledigten Sachen und Sorgen, kein Wunder nach der langen Abwesenheit. Ich bitte Dich herzlich, mir mitzuteilen, was ich dem Verlag schulde ... Lieber Michael, ich hoffe, unsere Zusammenarbeit wird trotz Verzögerungen bestehen bleiben. Ich schicke Dir herzlichste Umarmungen und wärmsten Dank für Deine Gastfreundschaft und Güte. Auch an Frau Hillen vielen Dank für alle Hilfe. – Für Dich und Ariane Worte der Freundschaft und Herzlichkeiten von Katharina. Zbigniew«

Auch wenn der Brief nicht alle Angelegenheiten klären konnte, war ich doch zufrieden über seinen Ton. Von Schulden gegenüber dem Verlag konnte keine Rede sein. Wichtig war, dass er offenbar einen Verlag gefunden hatte, der seine älteren und neuen Arbeiten sukzessive herausbringen würde, so dass die Überschneidungen oder Auslassungen, die bei seinen fremdsprachigen Büchern passiert waren, kenntlich wurden und bei Neuauflagen berücksichtigt werden konnten. Und offenbar hatte er mit Klaus Staemmler, der früher schon seine Prosa übersetzt hatte, einen Übersetzer auch für seine Gedichte gefunden.

Meine Antwort aus dem frühen März war hoffnungsvoll; zumal ich schreiben konnte: »Ich war Anfang Februar eine Woche in New York, wo in den Buchhandlungen überall Dein neues Buch ausliegt. Und ich fand auch überall Gedichte von Dir abgedruckt, nicht nur im *New Yorker*.«

Der Einladung zum Petrarca-Treffen nach Modena konnte er nicht folgen. Katharina schrieb kurze Zeit später, dass Zbigniew in einer tiefen Depression stecke: »Tatsächlich, das Schicksal erspart ihm nichts.« Und auch: »Dein Brief war für ihn ein heller Tropfen in seiner Dunkelheit.«

Im September schrieb mir Zbigniew, dass er versucht habe, sich mit Siegfried Unseld, der ja alle seine Bücher in deutscher Übersetzung verlegt hatte, zu einigen. Tatsächlich sagte mir Siegfried Unseld auf der Buchmesse, dass nun hoffentlich aller Streit beigelegt sei – bis auf das Zerwürfnis mit Dedecius. Ich war von Frankfurt aus eigens zu ihm nach Darmstadt gefahren, traf aber nur auf einen in seinem Ehrgefühl schwer verletzten Karol, der hart blieb.

1994 erschien Zbigniew Herberts schönes, klares Buch *Stilleben mit Kandare. Skizzen und Apokryphen,* das ausschließlich der holländischen Malerei gewidmet war, vornehmlich dem 17. Jahrhundert. Darin heißt es: »Das Schicksal hat den Mitgliedern der der St.-Lukas-Gilde nichts erspart. Wir wissen, dass Hercules Seghers und der fünfundsiebzig Jahre alte Emmanuel de Witte unter dem Druck materieller Sorgen Selbstmord begingen. Hals, Hobbema, Ruysdael starben im Obdachlosenheim. Armut und Alkoholismus kamen oft vor, aber nicht immer.« Aber auch: »Niemand kam auf den Gedanken zu fragen, wozu die Kunst existiere, weil eine Welt ohne Bilder ganz einfach unbegreiflich gewesen wäre.« Es ist der Zbig-Sound, der mühelos die tiefste Verzweiflung und das höchste Entzücken in Worte fassen konnte.

Wieder versuchte ich, die Herberts zu unserer Petrarca-Preisverleihung einzuladen, die diesmal in Weimar stattfinden sollte. Ich schrieb: »Wenn nötig, würde ich auch selbst nach Warschau kommen, Dich auf meinen Rücken nehmen und mit Dir zu Fuß nach Weimar laufen. Die Stadt ist herrlich geworden! Oberkochberg ist restauriert, aber nicht so schlimm, dass man sich ärgern muss, der Elefant ist mit moderner Kunst vollgehängt, aber nicht so, dass man nicht schlafen kann, die Ilm ist über die Ufer getreten, aber bis Juni kann man an ihren Ufern wieder Spazierengehen, ... Bitte komm!«

Im August 1994 erschien in der *New York Times Book Review* eine Rezension der Gedichtbücher *Mr. Cogito* by Zbigniew Herbert, übersetzt von John Carpenter and Bogdana Carpenter; *About Love* by John Montague und *Diderot's Cat* by Michael Krüger, übersetzt von Richard Dove. Die Überschrift lautete: »Love and other Tricky Subjects«, die Unterzeile: »Poems for the post-modern age from Poland, Ireland and Germany«, geschrieben hatte die zwei Seiten lange Rezension der Dichter Stephen Dobyns. Natürlich war ich stolz, mit Zbigniew zusammen besprochen zu werden, auch wenn ich in diesem Trio einen schweren Stand hatte. Wenn es stimmte, dass Amerikaner – wenn überhaupt – nur einen Gedichtband im Jahr kaufen, dann haben die Iren ihren Montague gekauft, die anderen Mr. Cogito, Diderot hatte gewiss das Nachsehen. Aber immerhin ...

Im Oktober 1994 schickte Zbigniew mir eine »sauer-süße Torte« als Beitrag für die Festschrift für François Bondy zum 80. Geburtstag: »Wie geht's Dir? Bitte arbeite nicht zu viel. Tüchtigkeit ist eine schwere Krankheit.« Ich schrieb zurück: »Ich habe François kürzlich bei der Feier zur Erinnerung an Elias Canetti in Zürich gesehen. Er sieht aus wie ein großer Vogel, hat seinen Witz Gott sei Dank nicht verloren und schlurft ein bisschen herum, als müsse er den Füßen befehlen, dem Körper zu gehorchen. Aber sein Kopf ist ganz klar.«

Aber das konnte man von Zbigniew leider nicht behaupten. Von Zeit zu Zeit kamen Postkarten, ich schrieb ihm, wann immer ich Abdrucke seiner Gedichte fand, gelegentlich rief er an. Im Mai 1996 schrieb Katharina: »Mit großem Bedauern muß ich Dir sagen, dass Zbigniew seit vielen Monaten in schlechtem gesundheitlichen (psychisch und physisch) Zustand ist. Darum schweigt er und hat nicht auf Deinen Brief geantwortet und sich nicht bedankt für Deine wunderbaren Gedichte.«

Schlimm war, dass man ihm offenbar nicht helfen konnte. »Ich bin sehr traurig über diese Nachricht, wie Du Dir denken kannst«, schrieb ich ihr zurück. »Wir reden immer über Euch, und immer gut, versteht sich, und natürlich immer in der Hoffnung, dass wir uns bald wieder sehen können. Du weißt ja, dass Du immer schreiben kannst, wenn ich irgend etwas tun soll. ... Braucht er nicht Seeluft für die Bronchien? Oder Salzluft, wie hier in Reichenhall?

Man geht mit einem Glas scheußlich schmeckenden Wassers um einen Brunnen herum, schreibt im Kopf Rundgedichte und trinkt von morgens bis abends, und am Schluss hüpft man herum wie der Faun, der auf dem Brunnen sitzt und feixt.«

Mehrere geplante Treffen kamen nicht zustande. Ende Januar 1998 schrieb ich ihm. »Da ich nicht nach Warschau komme, weil mir die Zeit fehlt, und ihr nicht nach München kommt, weil Euch die Lust fehlt, müssen wir uns in einer dritten Stadt treffen. Berlin?« Im März kam von ihm ein brüderlicher Ostergruß und eine fast nicht lesbare Karte, die er schon im Januar geschrieben, aber nicht abgeschickt hatte: »Anbei zwei Büchlein geboren (Verse und Prosa) ... habe keinen Übersetzer. Vielleicht hast Du irgendeine Idee. (Er soll ein Sinn für Humor haben.)«

Zbigniew Herbert starb am 28. Juli 1998. Auf meinen Kondolenzbrief an Katharina schrieb sie mir zurück: »Was kann ich Dir alles schreiben? Wohl nur, dass Zbigniews schweres Ringen mit dem Leben sein Ende erreichte. Er versuchte bis zuletzt zu schreiben. Seit September vorigen Jahres, als er einige Tage hindurch gegen den Tod ankämpfte, im Krankenhaus, in Zusammenhang mit einer Lungenentzündung, die er auch dank seiner Willenskraft überwand, hat er den Gedichtband ›Epilog des Gewitters‹ geschrieben, und das ist sein Abschiedsband. Später hatte er nicht mehr viele Kräfte. Ich bin todtraurig. / Ich sende Dir zärtliche und herzliche Gedanken und danke Dir für die Worte Deiner Freundschaft. Deine Katharina.«

Aber das war nicht das Ende unserer Beziehung. Katharina sehe ich jedes Jahr in Warschau als Juror des internationalen Zbigniew Herbert-Preises. Sie lebt, mittlerweile neunzig Jahre alt, noch immer in der gemeinsamen Wohnung in der Promenada, umgeben von Zbigniews Bibliothek mit tausenden von Büchern in vielen Sprachen, die alle von seinen in winzigster Schrift verfassten Kommentaren wimmeln. Und inzwischen ist die zweibändige Biografie von Zbigniew Herbert erschienen, verfasst von Andrzej Franaszek, einem klugen Intellektuellen, der dieses abenteuerliche Wanderleben zwischen Warschau, Berlin, Paris, Amsterdam und Florenz (mit Abstechern nach München) mit schöner Ausführlichkeit dargestellt hat. Es sind gewichtige Briefwechsel von Zbigniew mit seinen Freunden erschienen, Sammelbände von Kolloquien über sein Werk und eine Reihe von Erinnerungen. Hoffentlich ist es nicht unangemessen, wenn ich die leider lückenhafte kleine Korrespondenz meiner dreißigjährigen Freundschaft und die Dokumentation seiner Nähe zum Petrarca-Preis zu den bedeutenden Werken von und über diesen unbestechlichsten polnischen Dichter der Nachkriegszeit dazustelle.

Ich habe mich auch deshalb dazu ermuntert gefühlt, weil mir beim Blättern in meinen Herbert-Büchern – ich glaube, es war in dem polnischen Band *Raport z Oblężonego Miasta*, Instytut Literacki, Paryż 1983; bei uns: *Bericht aus einer belagerten Stadt und andere Gedichte*, Frankfurt 1985, übersetzt von Oskar Jan Tauschinski – plötzlich ein dreiseitiges Gedicht in Zbigniews Handschrift entgegenfiel, das dort all die Jahre gelegen hatte. Es trug den Titel *An Michael Krüger*. Es beschließt in der Übersetzung von Renate Schmidgall die *Gesammelten Gedichte*. Zbigniew Herberts, die unser Freund Ryszard Krynicki, der Dichter und Verleger, sowohl in seinem Verlag a5 in Krakau wie bei Suhrkamp in Frankfurt herausgegeben hat. Es soll auch am Ende dieser Erinnerungen an den großen polnischen Dichter stehen:

An Michael Krüger

1

Schließlich habe ich euch liebgewonnen meine Todfeinde
erblich wie Krankheit Armut schlechte Wirbelsäule
der Weg von den Gräben ins Bierhaus war lang

ich habe dich liebgewonnen Michael
und euch Hubert Günther Nikolaus und Werner Jan –
    die Liste ist lang

Barbara – Sybille – Renate – Eleonore

das hat nichts von Sentimentalität Spiel List Verführung
es ist nur große Verwunderung

   ich habe nichts vergessen
   ich besitze nicht die Macht der Vergebung
   ich will mich nicht einfach rechtfertigen

   die getötet wurden
   sind für immer getötet
   das Haus eine Ruine
   Geschmack von Asche und Rache

   und doch kamen wir zusammen
   bei einem Krug Bier
   in grünen Gärten mit weißen Stühlen
   als die Linden süße klebrige
   Samen versprühten
   wir sprachen von der Banalität des Bösen
   von Schicksalswendungen
   den Marotten des Glücks
   und es war große Verwunderung
   unbarmherzige Freude

2

Himmel Wasser Hügel
die gleichen

Mütter schieben Kinderwagen
Alte gehen unter die Erde

vereinzelte Jüngelchen
studieren immer noch die Gewalt

eure Männer
erstaunlich fleißig
rein
schlafen jetzt ein
ordentlich
tief
und ohne Albträume

zwei Generationen
und alles ist anders

die Schauspieler
das Bühnenbild
das Drama

ich habe nichts getan

bin gewandert
von Stadt zu Stadt
ich habe Mädchen angelächelt
und endlos geredet
im Zug
nachts
auf Gängen
in Gästezimmern
auf dem Schiff
unter der Loreley
im Foyer der
Oper in Amtsstuben [?]*

ich habe nichts getan
ich wollte einfach verstehen

* Hier war das Original nicht eindeutig zu entziffern
 (Anm. d. Hg.)

3

ich schreibe das in dem Haus
am Starnberger See

hier wurde grausam
der letzte König von Bayern ertränkt

jetzt beweinen ihn
die Schwäne

aus drei wie in einer Kapelle
gewölbten Fenstern
sieht man den Novemberwald
auf dem Baum die dichten Borsten der Nadeln
kupferfarben
wie der alte Gobelin
»Jagd auf das Einhorn«

der See schwankt
zwischen Nebel und
blauem Metall

am Horizont die Alpen
eine ausgefranste Partitur von Wagner
(auf den ich nicht stehe)

all das ist irreal
und schön
wie das Lachen der Götter

die Lärchen vor dem Fenster
klingeln leise

hier gibt es plötzliche Gewitter
dann wird alles dunkel
oder es kommt ein Wind aus dem Gebirge
dann wird alles
surreal
schmerzlich offensichtlich
bedeckt mit glänzender Glasur

vielleicht ist alles was geschehen ist
zwischen uns
eine Meteorologie des Herzens

aber es brauchte Mut
denkst du nicht Michael
um sich zu einer Geste aufzuraffen
einer halben Körperdrehung
sich in die Augen zu sehen

In der Nacht des 14./15.11.1991

Nachwort

Matthias Bormuth
Apologie der Sehnsucht

I.

Für die *Gesammelten Gedichte* von Zbigniew Herbert schrieb Michael Krüger 2016 ein Nachwort, in dem es heißt: »Als ich kürzlich seine Bücher wieder zur Hand nahm, fiel aus einer der polnischen Ausgaben seiner Verse das Fragment eines Gedichts heraus, das Zbigniew in der Nacht vom 14. auf den 15. November 1991 in der Villa Waldberta am Starnberger See geschrieben hat: Do Michaela Krügera.«

Das unvollendete Gedicht ist die Frucht einer Freundschaft, die ein halbes Jahrhundert zuvor in Berlin begonnen hatte und sich bewährte, nachdem Michael Krüger als Lektor und Lyriker die Bühne des literarischen Lebens betreten hatte. In ihrem langjährigen Gespräch wurde der »Michael« nie zum »Michel«, wie viele Freunde und Bekannte ihn nennen. Es blieb zwischen den Freunden im Sinne Hannah Arendts eine Welt, die Abstand heischte. So zeugen Krügers Erinnerungen an Herbert auch von der Hochachtung vor dem älteren, 1924 geborenen Dichter, dem nach den Jahren im polnischen Untergrund die vorsichtige Annäherung an die Deutschen nie einfach wurde. In dem Gedicht *An Michael Krüger* heißt es entsprechend:

Schließlich habe ich euch liebgewonnen meine Todfeinde
erblich wie Krankheit Armut schlechte Wirbelsäule
der Weg von den Gräben ins Bierhaus war lang

[...]

vielleicht ist alles was geschehen ist
zwischen uns
eine Meteorologie des Herzens

aber es brauchte Mut
denkst du nicht Michael
um sich zu einer Geste aufzuraffen
einer halben Körperdrehung
Sich in die Augen zu sehen

Das Fragment erwähnt auch die »Banalität des Bösen«, jenen Topos des gedankenlosen Pflichtbewusstseins, den Hannah Arendt mit *Eichmann in Jerusalem* streitbar ins Gespräch gebracht hatte. Dass den jungen Michael Krüger und seine Familie die jüngste Vergangenheit schon früh in diesem Sinne umtrieb, lässt sich nachlesen in dem biographisch orientierten Gespräch *Es gibt noch eine andere*

Welt. Der Vater war während des Zweiten Weltkrieges in führender Stellung für den reibungslosen Postverkehr im besetzten Polen zuständig gewesen, aber verweigerte nach dem Krieg den älteren Söhnen seine Antwort auf drängende Fragen und zog sich, wie so viele deutsche Väter zu jener Zeit, zurück auf das scheinbar unantastbar wertfreie Terrain von Kunst und Kultur und flüchtete sich in lateinisch geführte humanistische Gespräche mit Freunden. Also entschied sich der jüngste Sohn, nach dem Abitur auf der Suche nach Antworten auf die jüngste Geschichte in London zu leben und dort in die Welt der deutschen Emigranten einzutauchen. Unter anderen lebten dort Elias Canetti, H. G. Adler und Norbert Elias, die Michael Krüger seitdem zu geistigen Lichtgestalten eines anderen Deutschlands wurden. Das Programm des Hanser Verlags, welches er zwei Jahrzehnte später selbst verantwortete, schöpft bis heute aus diesen kosmopolitischen Begegnungen. Die literarische Welt, im Exil beglaubigt, wurde zur neuen Heimstatt eines intellektuell Obdachlosen, der sich 1979 nicht zufällig das Salzburger Hotelzimmer zeigen ließ, in welchem Jean Améry sich ein Jahr zuvor das Leben genommen hatte.

Die Anfänge dieser Bewusstseinsarbeit liegen in den mittleren 1960er Jahren, als der junge Buchhändler nach West-Berlin zurückkehrte, an der Freien Universität als philosophierender Zaungast den kritischen Geist der Zeit in sich aufnahm und in Walter Höllerers Literarischem

Colloquium am Wannsee ein Forum betrat, wo man deutsche und europäische Autoren hören und kennenlernen konnte. Dort erlebte Michael Krüger erstmals Zbigniew Herbert, fasziniert von Person und Ton des Dichters. An dem Polen und seinen Gedichten bestach Krüger nicht zuletzt der asketische Sinn, die eigenen Emotionen in den bildreichen Vorstellungen ästhetisch zu bändigen. Das Gedicht *Kiesel* las er, immer noch auf der Suche nach geistiger Orientierung, wie eine Art poetisches Remedium. Es wirkt bis heute, wenn Herbert in der sublimen Beschwörung schreibt:

Der kiesel ist als geschöpf
vollkommen

sich selber gleich
auf seine grenzen bedacht

genau erfüllt
vom steinernen sinn

[...]

Ich spür einen schweren vorwurf
halt ich ihn in der hand
weil dann seinen edlen leib
die falsche wärme durchringt

II.

Eine Auswahl der Gedichte und Prosa Herberts, die er 1986 selbst für die *Polnische Bibliothek* getroffen hatte, eröffnete Michael Krüger mit dem ebenso emphatischen wie knappen Text *Sehsucht und Sehnsucht*. Darin heißt es: »Beim Lesen der Werke dieses freundlichen Herrn aus Lemberg, zeitlebens unter heftigen polnischen Kopfschmerzen leidend, hat man stets das Gefühl, sich im Zentrum eines unerhört starken Magnetfeldes zu befinden. Mühelos angesaugt und geordnet wird eine unerschöpfliche Menge an Material, die einen weniger subtilen Geist leicht zum kauzigen Historiendichter hätte werden lassen. Bei Zbigniew Herbert dagegen entsteht Ordnung, eine kleine Insel inmitten des geschichtlichen Chaos, die plötzlich auftaucht: aus Wörtern gebildet, die jeder im Munde führen kann, aus Ideen und Erfindungen. Weit davon entfernt, an eine Remythisierung der Erfahrung zu glauben, stöbert dieser gelehrte Pole, der nichts von einem Akademiker hat, in dem europäischen Mythenschatz herum, um die alten Geschichten vergegenwärtigend neu zu bedenken. Seine nie versiegende Sehsucht und seine historisch entwickelte Sehnsucht haben verhindert, dass er zum Zyniker wurde, der dem Untergang kunstvoll die Stimme leiht. Nein, dieser letzte Europäer, der wie kein anderer die Verluste kennt und auf das empfindlichste zur Sprache bringt, ist trotz aller Erfahrung zu menschenfreundlich, um zum Verächter zu taugen.«

Aber die Zeit hinterließ ihre Spuren. Die Postkarten und Briefe Zbigniew Herberts, welche Michael Krüger über zwei Jahrzehnte erhielt, lassen, sofern sie noch auffindbar waren, in aller ironischen wie freundlichen Vorsicht die desaströsen Auswirkungen der Geschichte in der Psyche des Dichters ahnen. Die Erinnerungen an den polnischen Europäer wollen in das dichterische Geheimnis, jedoch nicht in die Abgründe der Existenz eindringen. Mit der behutsamen Einfühlung dessen, der inzwischen selbst Dichter und Erzähler geworden war, nutzte der jüngere Freund 1979 die Laudatio zum Petrarca-Preis, um die melancholische Nachdenklichkeit zu umreißen, die Herbert im Spiegel seines Alter Ego entfaltet: »Herr Cogito hat auf verblüffende Weise sich selbst akzeptiert mit allen Verletzungen und Wunden, die ihm das Jahrhundert beigebracht hat. Seine tiefe, bohrende Sehnsucht, die verschiedenen Erscheinungsformen seiner Existenz durchdenkend zu begreifen, hat zu einer Einfachheit geführt, deren hervorstechendstes Merkmal die Redlichkeit in der Aussage auch noch dort ist, wo das Unvermeidbare zur Sprache kommt.«

Krügers Lobrede ist auch eine späte Resonanz auf den Eindruck, den schon früh das Gedicht *An Marc Aurel* hinterlassen hatte. In der Hommage an seinen philosophischen Lehrer pries Herbert damals die Kraft der Nachdenklichen, die sich nach dem Betrieb des Tages im nächtlichen Schreiben sammelt. Um die Ohnmacht der Worte wissend, die nie eine Person ganz vergegenwärtigen können, lässt die Widmung an Henryk Elzenberg zugleich die Bitte nach der menschlichen Präsenz anklingen, die historisch im stoischen Kaiser gespiegelt wird:

Was bleibt uns – zittern in der luft
in asche blasen und den äther trüben
an fingern nagen leere worte suchen
und hinter uns die schatten der gefallnen schleppen

So lege Marc den frieden lieber ab
und reiche deine hand mir überm dunkel
Sie bebe wenn der blinde kosmos einschlägt
in die fünf sinne wie in eine lyra

Nicht anders beschwört Michael Krüger mit seinen prosaischen Erinnerungen im europäischen Geist Petrarcas die menschliche Gegenwärtigkeit von Zbigniew Herbert. Der Dichter wurde während der jährlichen Feierlichkeiten zum stillen Zentrum der literarisch bewegten Geister. Als er sich ein Jahrzehnt später in dramatischen Volten langsam aus dem Getümmel des Lebens zurückzog, konnten die vergeblichen Hoffnungen, die das Jahr 1989 in Europa auch bei den Anhängern Petrarcas weckten, nicht mehr viel ändern. Für den erschöpften Dichter musste in schlimmen Zeiten die Ehefrau Katharina das Briefeschreiben übernehmen. Der jüngere Freund war von diesem politischen und persönlichen Elend betroffen und zugleich erfüllt von der poetischen Genauigkeit eines Menschen, der seine subjektiven Leiden auch weiterhin in universale Lyrik verwandelte. Herberts vornehme Haltung bestimmte jedoch auch die Grenzen, welche er in der Freundschaft zog. Der jüngere Freund schreibt: »Meine Hilfe lehnte er mit seiner unüberbietbaren Höflichkeit ab. Diese wunderbare Höflichkeit! Ich erinnere mich, dass ich ihn einmal fragte, was er gerne ins 21. hinüberretten würde. Nach kurzem Zögern antwortete er: Die Höflichkeit!«

III.

Die Attitüde eines nobel Leidenden faszinierte Michael Krüger auch später noch an einem Philologen, der nicht fern vom Geist Zbigniew Herberts eine Generation früher gewirkt hatte. Er entdeckte Erich Auerbach und sein Werk *Mimesis. Dargestellte Wirklichkeit in der abendländischen Literatur* auf einer Istanbuler Tagung der Deutschen Akademie für Sprache und Dichtung neu für sich. Besonderen Gefallen fand er an dem lakonischen Briefschreiber, der mit Walter Benjamin eine stille Freundschaft pflegte. Als wir im November 2017 in Marburg über Werk und Person des deutsch-jüdischen Romanisten sprachen, und er aus der Auerbach-Anthologie *Die Narbe des Odysseus* las, brachte Krüger ausgewählte Figuren der Passion zu Gehör, die in Homer und der Bibel ihre Ursprünge besitzen, in

Dante als christlichem Dichter im Exil sich spiegeln und deren säkularer Ahnherr Montaigne ist.

Diesen Geistern ist auch Zbigniew Herbert nahe. Die synthetische Kraft, welche Auerbach im Essay *Philologie der Weltliteratur* beschwört, lässt sich ebenfalls in der Art wiedererkennen, in welcher der Mitteleuropäer die geschichtliche Erfahrung mit antiken wie christlichen Traditionen verknüpft. Das eigene Leiden an der Zeit wird in historischen Szenen gespiegelt und in gegenwärtigen Bildern fortgeschrieben. Die dichterische Mimesis führt in Prosa und Gedicht zur ästhetischen Katharsis, ohne sich zu einer öden Klage über die herben Verluste zu erniedrigen, wie Herbert sie einmal in dem Gedicht *Warum Klassiker* beschrieb:

wenn ein zerschlagener Krug
zum thema der kunst wird
die kleine zerschlagene seele
mit dem großen leid über sich

wird das was nach uns zurückbleibt
wie das weinen des liebespaares
in einem kleinen schmutzigen hotel
wenn morgens die tapeten dämmern

Es ist die Noblesse dessen, der im poetischen Schreiben neben die Freude am Leben auch die Empfänglichkeit für das Leiden zu stellen vermag. In *Gewitter Epilog*, seiner letzten Gedichtsammlung, wird deutlich, wie solche Dankbarkeit verwandelnd wirken kann. Die Tristesse des Krankenlagers steigt zu beklemmender Größe auf. Die jüdischchristliche Passion, die Erich Auerbach Anlass war, von der »ernsten Wahrnehmung des Alltäglichen« zu sprechen, wendet Zbigniew Herbert ins Säkulare. Bei diesen Meistern des sublimen Leidens ist auch Michael Krüger in die Schule gegangen. Seine Erinnerung an den kranken Zbigniew Herbert ist erfüllt vom Bewusstsein, dass es gut ist, sich mit ihm für das Leiden zu präparieren. Dessen spätes Prosagedicht *Brevier* zeigt, wie der Mensch im Konkreten geknechtet werden kann und poetisch sich zugleich vornehm halten. Ähnlich wie Auerbach geht es Herbert um eine Kunst der Stilmischung, um erhöhende Nachahmung der erniedrigenden Wirklichkeit. Es ist eine Poetik aus biblischem Geist, die auch Michael Krüger heute mehr denn je herausfordert, um das eigene Leben bestehen zu können:

Herr,
    dank sag ich Dir für diesen lebenskrempel, worin ich
    ewiglich rettungslos versinke, unentwegt suchend
        nach
    irgendeinem kleinkram.

[...]

Herr, dank sag ich Dir für all die spritzen mitsamt
   nadeln
dick oder hauchdünn, bandagen, heftpflaster,
   schmiegsame
kompressen, dank für den tropf, die mineralsalze und
   ganz
besonders dank für all die schlaftabletten mit namen
wohllautend wie die der römernymphen

die gut sind, weil sie den tod erbitten, an ihn erinnern,
stellvertretend.

IV.

Auf andere Weise schließt sich für mich der Bogen zur inneren Biographie Michael Krügers, wenn ich an eine gemeinsame Lesung denke, die am 7. November 2017 in der Bayerischen Akademie der Schönen Künste stattfand, einhundert Jahre nachdem Max Weber seine Rede *Wissenschaft als Beruf* gehalten hatte. Darin ist die Rede von der »Entzauberung der Welt«, die weltanschaulich nicht aufzuheben sei; sondern allenfalls in kleinen Kreisen noch ein »prophetisches Pneuma« erlaube, darin implizit die mögliche Bedeutung des dichterischen Wortes bewahrend. Man kann die prekäre Situation der Moderne nicht mit einer politischen Utopie objektiv klären, sondern ihr allein in der Subjektivität einer poetischen Realität begegnen. In diesem Sinne hatte Zbigniew Herbert seinem jüngeren Freund Michael Krüger immer wieder dezent ironisch zu ernüchtern versucht, wenn dieser sich für die großen Experimente der Menschheitsbeglückung begeisterte. Seine Dichtung wurde zu einer Stimme gegen den wortmächtigen Utopismus, welchen unter anderen ein anderer väterlicher Freund, der späte Herbert Marcuse, unter der kalifornischen Sonne entwickelt hatte.

Dass Michael Krüger gegenüber den marxistischen Visionen bei allen erotischen Energien, welche diese in den 1968er Jahre auch freisetzten, eine liberale Distanz behielt, verdankt sich auch dem Vorbild des eigenen Großvaters. Dieser hatte dem Kind in den ersten Lebensjahren, lange Zeit unter Kriegsbedingungen, aber fern vom umkämpften Berlin, das Elternhaus ersetzt. Von den Sowjets enteignet und in einen Winkel seines einst stattlichen Ritterguts verbannt, lehrte er den Enkel das einfache Leben und die Liebe zur Natur, während dieser beobachtete, wie seine Großmutter in frommer Inbrunst dem verborgenen Gott täglich die herben Verluste klagte. So erfuhr der Junge in prägenden Szenen die Bitterkeit des politisch bedingten Verlustes und den Hader als Ausdruck eines religiös geschlossenen Lebenskreises. Die Großeltern konnten kaum mehr »lebenssatt« sterben, wie Tolstoi dies als Glück des bäuerlichen Lebens beschrieben hatte. Aber sie stellten sich, energisch wie ohnmächtig, der bedrohenden Entzauberung ihrer Welt entgegen, welche der gedankenlose Furor des Fortschritts ausgelöst hatte. Ihre Liebe zur natürlichen und göttlichen Ordnung, die sich so unterschiedlich mitteilte, bezeugte bis in den Verlust hinein eine willensstarke Lebensfrömmigkeit. Vielleicht lebt diese vorbildliche auf andere Art in Michael Krügers Leidenschaft für die Magie der Worte fort. Diese kann keine Renaissance des sinnvoll geschlossenen Lebenszyklus erwirken, aber dem vorläufigen Dasein für kürzere und längere Momente zumindest einen poetischen Sinn verleihen.

V.

Geblieben sind ihm das Erzählen und das Dichten als Weisen, die eigene Passion zu leben. Im Nachwort zu der 2019 erschienenen Sammlung *Mein Europa. Gedichte aus dem Tagebuch* spricht der leidenschaftlich reisende Weltbürger der Freiheit, die mit dem Fall des Eisernen Vorhangs endgültig den Sieg errungen zu haben schien: »Ich gehöre zu denen, die von der Entgrenzung Europas nur profitiert haben. Geboren in Sachsen-Anhalt, wo heute die Rechtsradikalen die Gesellschaft nach ihrer Pfeife tanzen lassen, aufgewachsen im geteilten Berlin, im Amerikanischen Sektor, war für mich das Jahr 1989 das entscheidende Ereignis meiner Biografie. Die Vorstellung, wieder in alte nationalstaatliche Strukturen mit ihren lokalen

Überwachungsstrategien zurückzufallen, ist mir zutiefst zuwider.«

In dieser Begeisterung ist der europäische Geist zu erkennen, der sich an Petrarca entzündete, dem Poeten, der noch mit Augustinus innerlich focht, aber schon mit seinem Gang auf den Mont Ventoux der kirchlichen Enge symbolisch entflohen war. Dass dieser Ahn des modernen Individuums gleichwohl noch besorgt in sich blickte und die Erfahrung der Landschaft auch als innere Prüfung erlebte, behielt Krüger als einen Gedanken im Gedächtnis, als er die Verleihungen des Petrarca-Preises auch mit einer damaligen Deutung des Aufstiegs beschrieb: »Petrarca versteht nun den Mont Ventoux als jenen Heilsberg, den zu erklimmen zum Beispiel Dante als Weg der Läuterung beschrieben hatte. Das Leben sei anstrengende und gefährliche Wanderschaft bis zu jenem Höhepunkt, an dem sich Seele und Selbstbewusstsein von ihrem leiblichen Träger trennen. – Der Gipfel des Läuterungsberges ist das Ziel aller Lebensbewegung und das Ende des Lebensweges. Dort wird sich das Auge des Wanderers auf ihn selbst richten, um schließlich sein eigenes Inneres als die Welt zu entdecken, der er sich zu stellen hat.«

So können die deutschen und europäischen Reisen, die Michael Krüger bewusst über das Jahr 2018 mit Gedichten begleitete, als »vielfältige Bewusstseinsspiegelungen« beschrieben werden, als Fahrten, die der Dichter auch ins eigene Innere unternimmt. Diese Einblicke hatte Erich

Auerbach bei Autoren der Moderne als säkulare Folgen einer ursprünglich religiösen Gewissenhaftigkeit beschrieben. Und was würde stärker die geistesgeschichtliche Kontinuität der Selbstprüfung provozieren als das Ereignis des drohenden Todes, welches jeder Mensch zu gewärtigen hat, ohne dass je eine endgültige Antwort auf seine Fragwürdigkeit gefunden worden wäre. In *Mein Europa* begegnet man vielfachen Versuchen, den plötzlich aufsteigenden Ahnungen zu begegnen, die sich an Menschen und Ortschaften knüpfen und in den poetischen Assoziationen rasch von ihnen lösen.

Alles Schreiben lebt aus dem europäischen Erbe, dessen religiöse Tradition in Krügers späten Gedichten mehrfach anklingt. So erfährt er in Madrid die atmosphärischen Auswirkungen der dortigen Metaphysik, deren tiefes Pathos im sonstigen Europa so fremd wirkt. Und in Marburg, wo sich die spätmittelalterliche Elisabethkirche am Fuße des verwinkelten Stadtkegels erhebt, erlebt der Dichter die alten Fragen anders, rückschauend nach einer Nacht im Gasthof »Zur Sonne«:

Neben der gotischen Kirche
wurde der Nachlass Gottes versteigert,
das Unausgesprochene,
im kalten Winkel der Altstadt.
Es gab einen Hund,
der wollte nicht bellen zur Nacht.

»Wir hören nicht auf zu wünschen
und zu fordern«, das will ich mir merken.
Die Tür zur Sonne war offen,
der Schlüssel verlor sich im Fachwerk
der ungeträumten Träume

Das Gedicht entstand am frühen Morgen, nachdem Michael Krüger am Abend zuvor in der ehemaligen Buchhandlung Elwert aus Auerbachs Werk gelesen hatte. Es zitiert aus dem ersten Essay zu Vico, der vor fast hundert Jahren erschien und geprägt ist von der Einsicht, wie verblendet die Menschen vom Wahn des Fortschritts sind; sie erweisen sich nicht willens und kaum mehr fähig, das Bewusstsein über dieses horizontale Leben hinaus in die Vertikale zu erheben. Krügers dichterisches Tagebuch zeigt einen Lernwilligen, der sich an Auerbachs Worte erinnert. Sie wirken heute aktueller als je, wenn man die Stelle nachschlägt und in dieser Apologie der metaphysischen Sehnsucht gebannt weiterliest: »Wir hören nicht auf zu wünschen und zu fordern: die erfahrungsmäßige Durchforschung dieser erscheinenden Welt läßt uns leer, wir bleiben fremd und unvertraut auf dem Boden, den wir bewohnen; und, wie es sich schrecklich genug jetzt offenbart, wir sind durch alle äußere Vervollkommnung nicht einmal fähig geworden, die Ökonomie der menschlichen Gesellschaft einigermaßen in Ordnung zu halten, was manchem früherem Geschlecht mit geringeren Mitteln gelang. Über dem allen aber ist die Sehnsucht geblieben uns eingereiht zu fühlen in einen erhabenen Plan, um dessentwillen das Böse gut, das Klägliche rein, das Entsetzliche groß ist; über Blut und Hunger, über Geschwätz und Verwirrung, über Leben und Tod hinaus einen ewigen Weg der Vorsehung zu finden, damit wir gefaßt ertragen können, was uns geschieht.«

Michael Krüger, geboren 1943, lebt in München. Er leitete viele Jahre lang den Carl Hanser Verlag und war Präsident der Bayerischen Akademie der Schönen Künste. Er hat mehrere Gedichtbände, Erzählungen, Novellen, Romane und Übersetzungen veröffentlicht. Für sein schriftstellerisches Werk erhielt er zahlreiche Auszeichnungen, für seine Verdienste um die Kultur 2014 das Bundesverdienstkreuz Erster Klasse.

Matthias Bormuth, geboren 1963, studierte Humanmedizin, war psychiatrisch tätig und promovierte über Karl Jaspers. Er ist Inhaber der Professur für Vergleichende Ideengeschichte am Institut für Philosophie der Universität Oldenburg. Bei Berenberg erschien »Die Narbe des Odysseus« (2017), ein von ihm herausgegebener Band mit Texten und Briefen von Erich Auerbach, und zuletzt »Die Verunglückten« (2019).

Die Texte der Kapitel »Wo ich geboren wurde« und »Es gibt
noch eine andere Welt« sind unter dem Titel *Es gibt noch
eine andere Welt* 2017 im Verlag Ulrich Keicher, Warmbronn,
erschienen.
Das Gespräch »Es gibt noch eine andere Welt« wurde im
Mai 2017 im Karl-Jaspers-Haus in Oldenburg aufgezeichnet.
Das Gedicht »Wo ich geboren wurde« auf den Seiten 8–11
stammt aus Michael Krüger, *Kurz vor dem Gewitter. Gedichte*.
© Suhrkamp Verlag Frankfurt am Main 2003, S. 71–74.
Alle Rechte bei und vorbehalten durch Suhrkamp Verlag Berlin.

Der Text des Kapitels *Ein Ich das querliegt zur Welt. Zur Frühgeschichte des Petrarca-Preises* ist im Original 2020 im Verlag
Ulrich Keicher, Warmbronn, erschienen.

2. Auflage im März 2021
© 2021 Berenberg Verlag GmbH, Sophienstraße 28/29,
10178 Berlin

Konzeption | Gestaltung: Antje Haack | www.lichten.com
Satz | Herstellung: Büro für Gedrucktes, Beate Zimmermanns
Abbildungen: Einbandillustration von Antje Haack,
Fotografien © Isolde Ohlbaum
Druck | Bindung: Friedrich Pustet KG, Regensburg
Printed in Germany
ISBN 978-3-946334-90-3